Toni Hiebeler Die Alpen im Luftbild

rosenheimer
raritäten

TONI HIEBELER

DIE ALPEN IM LUFTBILD

rosenheimer

Inhalt

Geleitwort

Mit diesem Band liegt praktisch das letzte Werk Toni Hiebelers vor. Ist damit – auf tragische Weise – sein Lebenswerk abgeschlossen? In einer Weise sicher. Es wird kein neues Buch mehr von ihm erscheinen. Aber seine vielfältigen Bücher und Schriften werden neue Auflagen erleben. Zu groß ist sein literarisches und fotografisches Werk, um seinen Urheber nicht lange Zeit zu überdauern, späteren Generationen den Namen dieses Könners – man darf ruhig sagen: dieses Künstlers – zu verkünden. Wie er zu Lebzeiten einer ungemein großen Zahl von Menschen das Ziel ihrer Sehnsüchte und Träume, die Berge, nahebrachte, so wird das sein Werk auch in Zukunft tun. Auch die Spur, die Toni Hiebeler als Bergsteiger hinterließ, wird bleiben. Obwohl er in eine Zeit hineingeboren wurde, in der in den Alpen eigentlich »alles schon gemacht« war, haben eine ganze Reihe von seinen Erstbegehungen solchen Rang, daß man auch in Jahrzehnten mit Hochachtung von dem Mann sprechen wird, der sie geleistet hat. Es ist ganz typisch für ihn, mit welcher Originalität, mit welchem Erfindergeist er in den angeblich so übererschlossenen Alpen neue Spuren legte, Neuland suchte und fand.

Dieses Neuland-Suchen gilt ganz besonders für seine geistige Führungsrolle, die er im Kreise der Bergsteiger ausübte. Nicht etwa nur im Kreis der deutschen oder österreichischen Alpinisten, sondern in der Bergsteigerschaft ganz allgemein. Denn Beschränkung auf ein Land, ein Gebiet, lag ihm ganz und gar nicht, das hätte er als Enge, vielleicht sogar als Engstirnigkeit, empfunden, als das genaue Gegenteil jedenfalls zu jenen weiten Horizonten, zu denen es ihn trieb.

Toni Hiebeler hat der Bergsteigerei zu jeder Zeit seines Lebens neue Impulse gegeben, die die Richtung stark beeinflußt haben. Das war so in der Zeit einer gewissen Stagnation, als man versuchte, mit Hakenleitern die Probleme zu bezwingen. Er war entscheidend daran beteiligt, den Weg aus dieser Sackgasse zu finden. Und er engagierte sich auch für andere Aspekte des Bergsteigens wie das extreme Winterbergsteigen oder den Massentourismus. Toni Hiebeler setzte Maßstäbe, hatte originelle Ideen – im großen wie in Kleinigkeiten. Denn er kannte die Berge, die Bergsteiger, die alpinen Gemeinschaften bis in alle Einzelheiten ihrer Verästelungen. Und es zeichnet den großen Mann aus, daß er auch in kleinen Dingen Bescheid weiß, Rat findet.

Toni Hiebeler ging seinen Weg vom zornigen jungen Mann zum gereiften, weisen. Und wie er als zorniger Junger nie immer nur dagegen war, sondern wirklich neue

Ideen hatte, so war er später nicht der erhabene »Alte vom Berg«, entrückt seinen Erinnerungen lauschend, sondern er stand erst recht mitten drin in dieser brodelnden Welt der Bergsteiger als einer ihrer besten Köpfe. Mancher mag sagen, er ging im Zenit seines Lebens. Ich weiß es nicht, niemand weiß es. Aber ich glaube, er hätte noch manches zu sagen, anzuregen, manchen Gipfel, manche Wand zu ersteigen gehabt. So möge dieses Buch beitragen, die Erinnerung an einen unserer Großen wachzuhalten.

Dr. Fritz März
1. Vorsitzender des Deutschen Alpenvereins

Einführung

Toni Hiebeler, wohl einer der besten Kenner der Bergwelt, hat die Alpen einmal als »das schönste und vielseitigste Gebirge der Erde« bezeichnet. Er mußte es wissen. Schließlich kannte er die Berge Nordamerikas, den Hindukusch, Karakorum und Himalaya, und hatte schwierigste Touren im Pamir und Kaukasus durchgeführt. Zweifellos war er von diesen Gebieten beeindruckt. Seine uneingeschränkte Liebe galt jedoch den Alpen, jener unvergleichlichen Vielfalt von Berglandschaften zwischen Wien und Nizza. In den Alpen wuchs er auf, sie durchstreifte er über vier Jahrzehnte lang als Kletterer, Wanderer, Skifahrer, Wildwasserfahrer und Drachenflieger, ihnen hat er die meisten seiner rund dreißig Bücher und den größten Teil seiner journalistischen Arbeit gewidmet. Toni Hiebeler war daher wie kaum ein anderer prädestiniert, dieses Buch in Angriff zu nehmen.

Die Idee, die Alpen aus der Luft fotografisch zu erobern, hatte auf ihn eine geradezu elektrisierende Wirkung. In generalstabsmäßigen Planungen wurde diese Aufgabe vorbereitet: Es mußten Landschaften, Orte und Berge ausgewählt, die interessantesten Blickwinkel gesucht und für jedes Motiv ein günstiger Aufnahmezeitpunkt gefunden werden. Eineinhalb Jahre flog dann Toni Hiebeler mit der Kamera durch die Alpen, in Sportflugzeugen und Hubschraubern, um diese Planungen in die Tat umzusetzen. Ende Oktober 1984 waren die Fotoarbeiten nahezu abgeschlossen. Allein die Bilder aus den Julischen Alpen standen noch aus, da dieses südliche Gebirge im späten Herbst einen besonderen Reiz ausstrahlt. Früh am Morgen des 2. November startete er mit einem Helikopter zum Triglav, dem höchsten Riesen der Julischen Alpen. Mit dabei war seine Frau Traudl, die erst ein paar Wochen zuvor ihre Angst vor dem Fliegen abgelegt hatte, dazu der jugoslawische Bergsteiger Alec Kunaver und der erfahrene Pilot Gorasz Sturm. Wenige Minuten nach dem Start, noch in leichtem Gelände, kam es zum Absturz; alle Insassen fanden den Tod. Ursache des Unglücks war vermutlich ein technischer Defekt. Ein tragisches Schicksal für einen Mann, dem über fünfzig Erstbegehungen gelungen waren und der selbst extremste und gefährlichste Situationen stets aus eigener Kraft hatte überwinden können.

Was von seinem letzten, mit so viel Energie und Begeisterung vorangetriebenen Werk blieb, sind faszinierende, berauschende Bilder. Dabei handelt es sich keineswegs immer um »typische« Luftbilder – nichts ist ja einfacher, als aus großer Höhe ein Meer von Gipfeln zu fotografieren. Aber Toni Hiebeler war nicht der Mann, sich eine solche Aufgabe leicht zu machen. Sein Anliegen war es, die Bergwelt auch aus der Vogelperspektive erkennbar darzustellen, nicht nur schöne Bilder, sondern auch für den Bergfreund wichtige Informationen zu bieten. So fotografierte er Panoramen mit der Absicht, Gebirgsstrukturen sichtbar zu machen. Einzelgipfel und Wände sind häufig von einem imaginären Idealaussichtspunkt aus aufgenommen, der dem Bergfreund alpinistisch interessante Einblicke gestattet, mangels eines geeigneten Berges aber nicht erreichbar ist. Am meisten begeistern freilich jene Bilder, die den

Menschen am Berg zeigen, Nahaufnahmen von berühmten Kletterführen, geflogen von erfahrenen Bergrettungspiloten mit Spezialhubschraubern. Denn sie zeigen nicht nur die atemberaubende Majestät der Bergwelt in schwierigstem Fels und Eis, sondern lassen gleichzeitig etwas von der Faszination des extremen Bergsteigens spüren.

Daß in diesem Buch keine vollständige Erfassung der Alpen erfolgen konnte, liegt auf der Hand. Es mußte eine Auswahl erfolgen, die zweifelsohne subjektiv ist und den individuellen Vorlieben des Autors entspricht, der sich zudem stets als exzellenter Kenner seiner Motive erweist. Dem breiten Fachwissen Toni Hiebelers, seiner unerreichten Kennerschaft des gesamten Alpenraumes ist es jedoch zu verdanken, daß alle Regionen von den Julischen Alpen im Osten bis zu den französischen Seealpen im Westen in einem repräsentativen Überblick erfaßt werden konnten.

Die Betextung des Buches, mit Ausnahme des Abschnittes über das Montblanc-Gebiet, war Toni Hiebeler nicht mehr vergönnt. Für ihn mußten andere einspringen: Gute Kletterkameraden, Freunde und Bekannte – alle ausgezeichnete Kenner der von ihnen bearbeiteten Bergregionen. Und sie taten es spontan, ohne zu zögern. Daß die Zusammensetzung der Autoren letztlich eine »Internationale Seilschaft« wurde, ist bezeichnend. Denn die Förderung der Verbundenheit unter den Bergsteigern aller Nationen war Toni Hiebeler stets ein besonderes Anliegen. Auf diese Weise ist ein Werk entstanden, das zwar nicht mehr aus seiner Feder stammt, aber zweifellos in seinem Geist vollendet wurde. Fast zwangsläufig wird dabei von Erlebnissen mit dem Bergsteiger Toni Hiebeler berichtet, wodurch auch seine alpinistische Leistung eine Würdigung erfährt.

Den Autoren und dem Rosenheimer Verlagshaus, das die Herausgabe des Buches ermöglichte und tatkräftig unterstützte, ein herzliches Dankeschön.

München, im Sommer 1985 *Mathias Hiebeler*

Bayerische Alpen

Der große Bogen der Alpen erstreckt sich über 1200 Kilometer. Die Bilder wechseln. Die Landschaft ist vielfältig wie kaum eine andere in Europa. Besonders deutlich prägt sich diese Vielfalt am Alpenrand aus. Ein Aufsteigen von milden Formen zu zerfurchtem Ödland, von grünen Hügeln zu abweisenden Felsgestalten. Vielleicht hat Toni Hiebeler deshalb sein Konzept für dieses Buch mit den Bergen des nördlichen Saums der Alpen beginnen lassen. Er nannte den wechselvollen Auftakt »Bayerische Alpen«. Das ist für die Alpingeographen kein genauer Begriff. Auch in der Alpeneinteilung der Alpenvereine gibt es dieses Wort nicht. Aber jeder von uns versteht »Bayerische Alpen« als eine brauchbare touristische Chiffre. Es handelt sich um die Gebirgsgruppen, die ganz oder überwiegend zu Bayern gehören.
Sie beginnen im Osten mit den Berchtesgadener Alpen. Hoher Göll, Watzmann und Hochkalter stehen mächtig über den Talschluchten von Berchtesgaden. Daran schließt nach Westen das zweihundert Kilometer lange Voralpenland an, das in folgende Gruppen gegliedert wird:
Zwischen der Saalach und dem Inn liegen die Chiemgauer Alpen. Ihr höchster Gipfel ist das Sonntagshorn im Südosten des Gebietes. Man könnte sagen, die Chiemgauer sind ein Wiesen- und Waldgebirge, von Felsen akzentuiert.
Vom Inn bis zur Isar fügen sich die Bayerischen Voralpen Ost an. Der Wendelstein ist der bekannteste und vielleicht schönstgeformte Gipfel. Die Ruchenköpfe und der Plankenstein sind der Kletterer Hauptziel.
Zwischen Isar und Loisach zieht sich von Nordosten nach Südwesten ein grünes und graues Gipfelgewoge, die »Voralpen West« mit Benediktenwand und Herzogstand, den klassischen Hausbergen der Münchner Sonntagstouristen. Südlicher reihen sich die Gipfel des Estergebirges. Der höchste heißt Krottenkopf.
Noch weiter südlich erhebt sich dann jenseits eines breithin gelagerten Talkessels das helle Kalkgebirge des Wetterstein mit dem höchsten bayerischen Gipfel, der Zugspitze, und mit dem meistgemalten Berg, der Alpspitze.
Von der Loisach nach Westen ziehen die Ammergauer Alpen, sie setzen sich fort in der Tannheimer Gruppe. Den westlichen Abschluß unserer Bayerischen Alpen bilden dann die Allgäuer Alpen mit dem Hochvogel, der Mädelegabel und dem idealschönen Gipfel des Hohen Licht.

Die Berchtesgadener Alpen hat Toni Hiebeler selbst wie folgt beschrieben: »Königssee und Berchtesgaden bilden das Zentrum der weitverzweigten Berchtesgadener Alpen und den Mittelpunkt der Nördlichen Kalkalpen. Wie ein riesiges Ei, dessen Verjüngung nach Norden zeigt, ist das Gebirge in die rund sechshundert Kilometer lange Kalkalpenkette am Nordrand der Ostalpen eingebettet. Auf einer Fläche von rund hundertzwanzig Quadratkilometern ragen mächtige Gebirgsmassive auf, jedes mit eigenem Charakter: Untersberg im Norden, Lattengebirge, Reiteralpe im Nordwesten, Hochkaltergruppe im Westen, Watzmannstock im Zentrum, Göllgruppe

und Hagengebirge im Osten, Steinernes Meer und Hochkönigsstock im Süden; die letzten drei Gruppen befinden sich auf österreichischer Seite (Land Salzburg).
Die Berchtesgadener Alpen – Hauptgipfel: Hochkönig (2941 m) – werden von ausgeprägten Tälern und Flüssen begrenzt: Unweit des nördlichsten Gebirgsrandes liegt die Bischofsstadt Salzburg, die Saalach bildet im Nordwesten und Westen die Grenze, im Süden und Osten die Salzach (Pinzgau und Pongau), obschon die Dientener Schieferberge zwischen Salzach und Hochkönig nicht mehr zu den Berchtesgadenern gehören.
Das Gebirge besteht vorwiegend aus Dachsteinkalk (untere Trias-Schichten). Kletterfels, wie ihn der Bergsteiger liebt, gibt es nicht im Übermaß; bester Fels findet sich an den Bergen der Reiteralpe und am Untersberg. Sogar einige kleine Gletscher sind vorhanden: die Übergossene Alm auf der Hochkönig-Nordflanke, der Blaueisgletscher am Hochkalter und der Watzmanngletscher. Wer aber von Kletterbergen nichts wissen will, findet in den Berchtesgadener Alpen schier unbegrenzte Möglichkeiten für Wanderungen jeder Länge und Schwierigkeit.
Der Hohe Göll (2522 m) – ein heller Kalkfels überm Endstal – war vor rund hundert Jahren noch als »Göhl« bekannt. Er ragt landschaftsbeherrschend östlich des Königssee-Nordzipfels auf und bricht mit seiner fast fünfhundert Meter hohen Westwand in das Endstal ab; das Tal ist am Westwandfuß wirklich zu Ende. Die Erstbesteigung des gewaltigen Kalkmassivs glückte 1801 dem Alleingeher Valentin Stanig von Norden, auf der heutigen Normalroute, dem Salzburger Steig, dessen Begehung Trittsicherheit erfordert. Vom Purtschellerhaus aus ist die Besteigung ein Spaß von nur zweieinhalb Stunden. »Spaß« allerdings nur im Spätsommer, denn Altschneereste sind am Göll besonders gefährlich. Der Hohe Göll ist in den Berchtesgadener Alpen der große Berg mit den meisten leichten Anstiegsmöglichkeiten. Insgesamt gibt es acht Routen der Schwierigkeitsgrade I bis III; so etwas ist selten. Für sehr gute Kletterer bietet die Westwand acht Routen von III bis VI.
Wenn der Hochkönig als »Idealberg« bezeichnet wird, so trifft das auf den wilden, fast unnahbaren Hochkalter (2607 m) zwischen Wimbachtal und Hinterseer Tal ganz und gar nicht zu. Ob man ihn vom Hintersee aus betrachtet, dieser bezaubernden Gegend, oder von Ilsank an der Ramsauer Ache, immer wirkt der Hochkalter eindrucksvoll, durch die Schluchten, Gräben und Kare sogar ein wenig geheimnisvoll. Und im Herbst, wenn seine steilen Mischwälder in allen Farben leuchten und die graublaue Felsmasse darüber von einem leichten Dunstschleier umgeben ist, scheint er vollends in eine andere Welt entrückt zu sein.
Der Hochkalter ist ein Berg für Könner. Anfänger haben auf seinen Graten, in seinen Flanken und Wänden nichts verloren. Vor einigen hundert Jahren hieß das Bergmassiv »Hochsteingebirge«, noch früher »Schneekalter«. Den Namen »Hochkalter« findet man erstmals auf einer 1622 erschienenen Karte. Das Wort Kalter hat mit Kälte freilich nichts zu tun. Ein Kalter (G'halter) ist ein Behälter. Und weil sich auf dem Berg ein ganz ansehnlicher Gletscher halten kann, waren die Bezeichnungen »Eisg'halter« oder »Schneekalter« naheliegend.

Auf den Hochkaltergipfel führen keine bezeichneten Wege, sondern nur Kletterrouten; die leichteste wird mit dem Schwierigkeitsgrad I bis II (»leicht« bis »mäßig schwierig«) bewertet. Am Berg selbst gibt es nur einen Stützpunkt: die Blaueishütte (1680 m), ein schlichter Steinbau, mit prächtigem Ausblick zum kilometerlangen und etwa 250 Meter breiten Blaueisgletscher, der teilweise sehr steil von breiten Spalten durchrissen, als nördlichster Gletscher der Alpen bekannt ist.«

Die Chiemgauer Alpen sind ein Alm- und Waldgebirge mit hellen Felsakzenten. Es breitet sich zwischen Saalach und Inn, zwischen dem Flachland im Norden und dem südlichen Talzug, der von Reit im Winkl nach Erpfendorf und über Waidring nach Lofer geht. Vor der blauen Weite des Chiemsees steht ein gezackter Felsenkamm. Kampel sagen die Bayern zu einem Kamm. Also heißt der Berg Kampenwand. Flyschberge sind längst unter dem Hobel der Eiszeit und in den Erosionen der nachfolgenden Jahrtausende zu Hügeln abgeflacht und Dolomitgipfel zu geometrischen Pyramiden verwittert. Nur die blanken Wettersteinkalkriffe ragen hell aus dem grünen Wald- und Wiesengewoge, so die Kampenwand mit ihren steilen, oft lotrechten und da und dort auch überhängenden Südabstürzen. Siebzig Jahre Bergsteigergeschichte wurden an der Kampenwand durch Wegeführungen geschrieben. Die großen Bergsteigernamen sind Zeller, Göttner, Gretschmann, Kadner, Eidenschink, Merkl, Schmitt, Haider. Einer der Zacken ist nach einem frühen kühnen Bergsteiger, dem Lehrer Gmelch benannt.
Der Sonntagsbergsteiger von heute klettert gemütlich über den Grat. Im Norden unter ihm die Fußgänger in den Wiesen. In der Südwand Kletterer mit Haken, Karabiner, Helm und Rucksack. Anderswo im steilsten Fels die Sportkletterer in Turnhosen und mit dem Magnesiabeutel. Die eine Gruppe amüsiert sich über die andere – alpine Szene der achtziger Jahre. Die Kampenwand, ein Berg mit Platz für alle Spielarten des Alpinismus.
Weiter im Westen durchschneidet ein blaues Tal das wogende Wald- und Wiesenbergland. Grüne Flanken und Kämme sind von hellen Kalkfelsen akzentuiert. Tief unten im Dunst strömt träge, zum Kanal gedemütigt, der Inn und schüttet seine Kraft in Staustufen. 20 000 Jahre lang, bis vor wenigen Jahrzehnten wühlte sich dieser Fluß ungebärdig durch das Talbett, scheuerte an den Flanken der Berge und verfloß sich hinaus in die Chiemsee-Ebene.
Der Inn: Er kommt tief aus dem Gebirgsland. Sechshundert Kilometer im Westen stürzt der junge Fluß durch Schluchten zu Tal, kämpft sich durch Felstäler. Die Wasser des Samnaun rauschen dazu, aus dem Kaunertal und dem Pitztal, die Bergbäche der Lechtaler füllen auf, die Ötz gießt sich hinein, Bäche aus Karwendel und Rofan steuern bei. Dann an der Barriere des Kaisergebirges macht der Fluß eine Biegung nach Norden und sucht sich den Weg hier zwischen letzten Voralpenbergen hinaus in die Ebene.
Der Gletscher hat ein Bett zwischen Kegelbergen geschliffen, links der Wildbarren, rechts das Kranzhorn. Der Inn fügt sich hier in das geradlinige Bett der Elektrizitäts-

wirtschaft und schleppt sich nun von Staustufe zu Staustufe zwischen den beiden letzten Wächtern durch. Links der Große Madron; ein altbesiedelter Waldkegel. Ein Stück weiter. Hier saßen die mächtigen und reichen Grafen von Falkenstein. Droben auf dem allerletzten Hügel steht der Bauer zum Gugg. Von dort stammen die großen Dientzenhofer her, die den Barock von Prag über Bamberg bis Fulda aus ihren Bergbauernhirnen zauberten.
Rechts des Flußlaufs ist die schöne, ebenmäßige Pyramide des Heubergs. 1300 Meter hoch sein Gipfel. Unten sechshundert Meter über normal Null der Inn. Nur 1300 Meter – also kein Tourenbuchgipfel. Nichts wert? Große Täuschung. Siebenhundert Meter Höhenunterschied. Ein steiler Spazierweg, voralpin und schön wie selten ein anderer.
Aus der Vogelperspektive sieht alles braver aus. Da ist der Heuberg nur ein bewachsener Bergkamm mit ein paar Felszapfen. Von unten aber hebt sich zum Beispiel die Kindelwand, der linke Felsen, wie eine riesige Dachschräge hoch über den Häusern von Nußdorf. Wer auf den Heuberg hinaufsteigt, darf dann noch wählen. Als erstes bietet sich der Gipfel dieser Kindelwand an, eine der lustigsten Gipfelbesteigungen, die es in den Alpen gibt. Von einem Grassattel eine kurze Querung nach Norden, zwanzig Meter leichte Kletterei an der Ostseite der Gipfelfelsen hinauf und nun durch das Loch – tatsächlich führt hier ein Loch mitten durch den Berg – und hinüber auf die Westseite. Im oberen Teil der Westwand nach Süden querend, zuletzt über ein kleines Stück Südgrat auf den Gipfel. Also in zwanzig Minuten drei ganz verschiedene Seiten eines Gipfels.
Das Inntal trennt hier am Heuberg die »Chiemgauer Alpen« von den »Bayerischen Voralpen«.

Toni Hiebeler schrieb einmal, das Wettersteingebirge in den Nördlichen Kalkalpen sei ein sehr kleines Gebirge. Zwischen Karwendel im Osten, Lechtaler Alpen im Westen, Mieminger Kette im Süden und Ammergauer Alpen im Norden. Ein Ost-West-Rechteck mit knapp dreihundert Quadratkilometern. »Auf einer topographischen Übersichtskarte sieht der Kammverlauf des Gebirges aus wie eine riesige Bauernpfeife, deren Mundstück nach Osten zeigt«. So der Originalton des Pfeifenrauchers Toni.
Man kann dieses auf der Landkarte eng bemessene Gebirge tatsächlich auf solche Weise richtig beschreiben. Man kann es aber auch anders sehen, nämlich vom Tal aus. Wirklichkeitsnah. Da reißt es einem den Kopf in die Höhe und die Augen weit auf, wenn man in Ehrwald, ja selbst wenn man noch weiter im Westen in Lermoos steht, und das Zugspitzmassiv überwältigend ins Tal klotzt. Hiebeler nannte die Zugspitze zu recht einen Berg der Superlative: Deutschlands höchster, mächtigster und meistbesuchter Berg. Die Zugspitze ist auch Deutschlands meistverbauter Berg, durchbohrt, eingedrahtet, wegeüberzogen, denaturiert und zugleich an anderer Stelle wieder wilde Hochgebirgsnatur, unberührt wie in den Frühzeiten des Bergsteigens.

Der Zugspitz hieß der Berg, seit er 1590 erwähnt wurde. Am 27. August 1820 wurde er zum ersten Mal erstiegen. Das war eine der ganz frühen Besteigungen eines bedeutenden Berges der Ostalpen. Nur Triglav, Wiesbachhorn, Großglockner und Ortler wurden noch früher erobert. Anlaß für diese Besteigung war ein Vermessungsauftrag der königlich-bayerischen Regierung für das Wettersteingebirge. Unter König Max I. hatte der Minister Montgelas allerseits Anstoß gegeben, Land zu vermessen und Leute zu erfassen. Ein moderner Staat im napoleonisch-französischen Geist mußte in allen Details registriert sein. Solche Prinzipien wirkten über Napoleon und Montgelas hinaus. Leutnant Naus und Meßgehilfe Maier erreichten mit dem Partenkirchener Führer Georg Deuschl durch das Reintal und über den »Plattachferner«, das ist der heutige Schneeferner, den Westgipfel. Naus berichtet »... ich aber wagte einen abermaligen Versuch, der endlich nach mehrfachen Lebensgefahren und außerordentlichen Mühen gelang. Nach eindreiviertel Stunden erreichten wir – ich, mein Bediensteter und unser Führer Deuschl – um dreiviertel Zwölf Uhr die höchste Spitze des noch von keinem Menschen bestiegenen, so verschrienen Zugspitzes. Mangel an Zeit und Material verhinderten uns, eine Pyramide zu errichten. Nur ein kurzer Bergstock mit einem daran befestigten Sacktuch dienten zum Beweise, daß wir dagewesen. Schon nach fünf Minuten wurden wir von einem Donnerwetter mit Schauer und Schneegestöber begrüßt und mußten unter größten Gefahren die Höhe verlassen; gerade soviel Ausblick gestatteten die einfallenden Wolken, daß ich mich überzeugen konnte, die höchste Spitze erreicht zu haben.«

Am Zugspitz blieb es weiterhin still. Der Bann brach erst endgültig, als 1882 Münchner Bergsteiger den Gipfel erstmals im Winter erstiegen.

In den zwanziger Jahren begann das Bahnzeitalter der Zugspitze. Die Zahnradbahn von Garmisch galt als technisches Meisterwerk. Noch heute darf man sie, ähnlich wie das Walchenseekraftwerk, als ein ungewöhnliches Industriedenkmal jener Zeit bewundern, immer noch in Betrieb, Zeugnis weitschweifender Phantasie, mutigen Erfindergeistes und einer hochschlagenden Begeisterung für das Prinzip der Elektrifizierung. Zeugnis aber ebenso für rücksichtslose Erschließung und für Zerstörung von Wildnis. In dieser Zeit setzte auch die hochalpinistische Erschließung der Zugspitze ein. Rings um das Platt, an allen Kämmen und Graten und in allen Wänden wurde nun geklettert. Drüben am Waxensteinkamm, im Norden der Zugspitze, fanden Willo Welzenbach, Paul Bauer und ihre Freunde in kühnem Zugriff gefährliche zwar, aber schön geführte Wege durch die Schönangerwände. Hier herüben an den West- und Südwestabstürzen wurden große Routen durch die gewaltigen Felsfluchten gelegt.

Zugspitze, der verbaute Berg. Zugspitze, aber auch der Berg der großen Felswege. Berg der lärmerfüllten Gipfel und Berg der stillen Wände. Berg technischen Geräts und Berg wilden, öden Gesteins. Zugspitze, ein Berg der Gegensätze.

Östlich der Zugspitze ragt die Alpspitze auf. Von vielen Bildern wissen wir, wie sie sich von Garmisch aus zeigt: als schöne Pyramide, die vielgemalte Spitze, links

ebenmäßig abfallend, rechts mit rauhem Grat. Aus der Luft und von Westen gesehen hat sie jedoch eine runde Kuppe und wirkt insgesamt abweisender und eher wild als gefällig schön. Nach rechts zieht der Südwestgrat zum Blassenkamm. Links hinter dem Gipfel der Alpspitze liegt die schattige Talfurche der Partnach, das Reintal. Von da steigen die Nordflanken der Dreitorspitze auf. Der Kletterer sucht ganz nahe rechts davon im kleinen Durcheinander und erkennt die Kanten, Grate und Türme des Oberreintals. Er sieht oder ahnt die vertrauten Gestalten, Oberreintaldom, Berggeisttürme, Schüsselkartürme, Schüsselkarspitze und Scharnitzspitze. Der altgewordene Kletterer denkt an den kleinen Ahornboden zu Füßen des Oberreintalturms, an die heimelige und seinerzeit dürftige Hütte und an die verflossenen Stunden und die alten Geschichten mit dem Kletterer und Klettervater, dem Freund Franzl Fischer. Er denkt an die wundervollen Felswege von Schober, Schließler und Brych.
Oberreintal – Eldorado der Münchner Kletterer im Wetterstein. Was den Münchner Kletterern in der ersten Hälfte des 20. Jahrhunderts der Wilde Kaiser war, war ihnen Mitte des Jahrhunderts das Oberreintal. Nirgends ist die Welt so in sich geschlossen und zugleich so himmelwärts.

Im Westen steilt das Bayerische Bergland mit den Allgäuer Alpen noch einmal wild auf, ehe es mit letzten Hügeln zur Weite des Bodensees hin ausklingt. Die Allgäuer Alpen sind die Wasserscheide zwischen Iller und Lech. Toni Hiebeler hat sie unter dem Motto »Berge aus Fels und Gras« in seinem Buch »Berge unserer Alpen« 1976 knapp und genau umrissen.
»Über den Hauptkamm verläuft die deutsch-österreichische Staatsgrenze im Norden Bayern, im Süden Tirol und Vorarlberg«. Im Durchschnitt reichen die Gipfel der Allgäuer Alpen über zweitausend Meter hinaus. Die wichtigsten Berge des Hauptkammes sind das Geißhorn (2249 m), der Große Krottenkopf (2657 m) als höchster Gipfel, die Mädelegabel (2645 m) und das Hohe Licht (2652 m). Nach Norden zweigt von diesem Hauptkamm die Nebelhorn- und Daumengruppe ab, nach Osten die Hornbachkette und der Hochvogelstock, und schließlich ragen im Nordosten die schönen Tannheimer Berge auf. Zwischen Iller und Lech haben sich zahlreiche große und kleine Bäche ihr Bett gegraben.
Charakteristisch für die Allgäuer Alpen ist das harmonische Zusammenwirken von Fels und Gras, wie man es in keinem anderen Alpenteil so stark ausgeprägt sieht. Daß hier die Alpenflora ganz ungewöhnlich reich und vielseitig ist, versteht sich von selbst. Die Eigenart der Allgäuer Grasberge beeindruckte schon im letzten Jahrhundert den großen Erschließer der Nördlichen Kalkalpen Hermann von Barth: »In Bezug auf Sicherheit des Trittes und Schwindelfreiheit stellt das Allgäuer Gebirge an seine Bergsteiger größere Anforderungen als alle anderen Voralpen-Gruppen. Schlimmer als die Felsen sind die im Allgäuer Gebirge so häufig vorkommenden glatten, aber scharf geneigten Flächen der Bergabhänge, deren verlockendes grünes Kleid eine Besteigung als gänzlich gefahrlos erscheinen läßt. Erfährt man aber, daß

diese Grasflächen nicht selten den Neigungswinkel von siebzig Grad übersteigen, daß sie in stets gleichbleibender Steile ohne jede Abstufung ... zu einer Tiefe von 1000 Fuß und darüber abschießen, so wird man leicht begreifen, daß ein Sturz über eine solche Wiesenfläche ebenso verderblich werden muß als ein solcher an der fürchterlichsten Felswand ...«
Die Tannheimer Berge von Nordosten gesehen setzen diese gefährliche Eigenart trefflich ins Bild. Grasbewachsene Fluchten irritieren den Betrachter. Die wilde Form der Felsgestalten verrät aber die Steilheit. Der hohe Kamm mit Kellespitze und Gimpel sind dem Wanderer eine pittoreske Szenerie, dem Kletterer jedoch aller Tücke zum Trotz ein reizvolles Ziel mit vielen Durchstiegsmöglichkeiten.
Den Hauptkamm der Allgäuer Alpen bildet der Höhenzug, der vom Hochvogel nach Südwesten über Krottenkopf, Mädelegabel bis hin zum schwungvoll aufgeformten Hohen Licht zieht, und das weitgerühmte Herzstück ist mitten darin: der Bergkranz um das Bockkar mit Trettachspitze und Mädelegabel.
Die Trettachspitze (2596 m), der »Felsobelisk über Einödsbach« in der Mädelegabelgruppe gehört zwar nicht zu den höchsten Bergen, ganz bestimmt aber zu den rassigsten der Nördlichen Kalkalpen. Am Fuße ihrer Steilflanken entspringen zwei der prächtigsten Ostalpentäler: Das Stillachtal mit Einödsbach im Westen und das Trettachtal mit Spielmannsau im Osten. Weit im Norden ist der Oberstdorfer Talkessel, zum Greifen nah im Süden die Mädelegabel (2645 m).
Hermann von Barth war von der Trettachspitze mächtig beeindruckt: »Wenn eine Spitze unersteigbar ist, so muß es diese sein!«
Heute ist der Berg von allen Seiten erstiegen, sämtliche Steilwände, die selbst einem Barth als unnahbar erschienen waren, sind bezwungen. Die erste Trettachbesteigung, im August 1855, genau zehn Jahre vor der des Matterhorns, gelang durch die Einödsbacher Hirten-Brüder Alois, Matthias und Urban Jochum. Es war eine der ganz frühen Gipfelerstbesteigungen durch Einheimische. Zu jener Zeit schauten sie sonst unverständig zu, wenn Städter mit ihren Führern auf die Berge gingen. Die Brüder Jochum stiegen über den Nordostgrat, der heute noch mit dem Schwierigkeitsgrad II bewertet wird. Erst vierzig Jahre nach dem Abenteuer der Jochum-Brüder wurde die steile Südwand bezwungen. Im gleichen Jahr glückte die erste Winterbesteigung durch Ernst und Josef Enzensperger. In der Folge haben hervorragende Alpinisten an der Trettach ihre Namen verewigt: Georg Leuchs (Ostwand), Hans Lobenhoffer (Gerade Ostwand), Albert Kleemaier (Gerade Südwand) und Anderl Heckmair (Südostwand). Heute gibt es an der Trettach an die zwanzig Routen und Varianten. Die Trettachspitze ist noch immer ein Berg für Kletterer. Drüben aber, am Gipfel der Mädelegabel drängen sich die Massen. Jeder von ihnen freut sich, den höchsten Punkt des »Heilbronner Wegs« über Klammern, Leiterchen und mit Drahtseilsicherung erreicht zu haben. Der reiche Blick rundum, auch jener hinüber zum »Felsobelisk«, der Trettachspitze, lohnt ihm die Mühe.

Helmuth Zebhauser

Dachsteingebirge

Das Dachsteingebirge befindet sich an der Dreiländerecke Salzburg – Oberösterreich – Steiermark. In dieser Berggruppe vereinigen sich die Eigenheiten und Schönheiten der Kalkformationen mit denen der Gletscherwelt. Wuchtige, urgewaltige Bergriesen stehen im Gegensatz zu kühnen, filigranen Türmen und Zinnen. Im Süden erstreckt sich ein liebliches Mattengelände und im Norden eine idyllische Seenlandschaft. Die besonderen Schaustücke sind der Vordere Gosausee mit der vergletscherten Nordseite des Dachsteinstockes und auf der anderen Seite die gewaltigen Dachstein-Südwände. Der Hohe Dachstein (2993 m), der höchste und zugleich Hauptgipfel der Gruppe, fällt gegen Süden in die berühmteste Wand des gesamten Gebirgsstockes ab. Zusammen mit Mitterspitz und Torstein (2947 m) erhebt sich ein imposantes Dreigestirn aus Fels, und dieses präsentiert die grandiose Flucht der Südwände der Dachsteinspitzen. Den Westteil des Dachsteingebirges bildet der wildzerklüftete Gosaukamm mit der stolzen Bischofsmütze (2455 m).
Bergsteiger, Kletterer und Bergwanderer finden im Dachsteingebirge vielseitige und lohnende Betätigung. Über das gesamte Gebiet erstreckt sich ein ausgedehntes Wegenetz, einige gesicherte Steiganlagen sorgen für Abwechslung.
Auch der Dachsteingipfel wurde in eiserne Fesseln gelegt, um seine Ersteigung zu erleichtern. Über zwei Dutzend Schutzhütten stehen zur Verfügung. Die Zugänge sind einfach, ihre Verbindungswege bieten einmalige Einblicke in diese vielgestaltige Bergwelt. Im vergletscherten Mittelteil besitzen die Hüttenübergänge alpinen Charakter. Ausgangsorte für die Dachsteingruppe im Norden sind Hallstatt, Gosau und Obertraun; im Süden Schladming um Ramsau. Für den Gosaukamm sind Filzmoos und Gosau die Ausgangsorte.
Wer heute mit der Dachstein-Südwand-Seilbahn auf den Hunerkogel (2700 m) fährt, hat unmittelbar vor Augen, welche Schwierigkeiten auf die Erstbesteiger des Hohen Dachsteins, und vor allem der berühmten Südwand warteten. Die erste Anregung zur Ersteigung des Hohen Dachsteins gab Erzherzog Karl, der Sieger von Aspern über Napoleon I. Er erreichte 1812 allerdings nur den heute nicht mehr vorhandenen unteren Teil des Hallstätter Gletschers, das nach ihm benannte »Karlseisfeld«. Im Auftrage des Erzherzogs Johann von Österreich erstieg dann 1819 der kaiserliche Jäger Jakob Buchsteiner aus Schladming erstmals den Torstein als den vermeintlich höchsten Dachsteingipfel. Dreizehn Jahre später (1832) vollführte Peter Gappmayer, Bauer aus Filzmoos, die erste Ersteigung des Hohen Dachsteins über den Westgrat. Anläßlich der fünften und zugleich ersten führerlosen Ersteigung des Gipfels im Jahre 1841 durch Johann Ramsauer und Franz Linortner aus Kaltenbach bei Bad Ischl wurde die Nordostflanke erstmals begangen.

Seite 17: Kampenwand von Süden, im Hintergrund der Chiemsee. Der linke Felsstock bildet den Westgipfel. Der höchste Punkt, der Hauptgipfel, ist auf dem Kamm des mittleren Felsstockes. Dort führen durch die blanke Südwand die bekannten Kletterwege.

Seiten 18/19:
Das Inntal mit Blick nach Südosten. In der Bildmitte der Heuberg, der westlichste Gipfel der Chiemgauer Alpen, an dessen Nordausläufer Nußdorf liegt. Links hinten die Kampenwand, rechts hinten die Nordbarriere des Kaisergebirges.

Seite 20:
Trettachspitze (links) und Mädelegabel (rechts) von Westen: Die beiden Berge gehören zu den rassigsten der nördlichen Kalkalpen. Über die Mädelegabel führt der großartige Heilbronner Höhenweg. Rechts der Beginn des Nordostgrates der Hochfrottspitze.

Seite 21:
Kellespitze (links) und Gimpel (rechts) von Nordosten über dem Reintal. Die Kellespitze ist der höchste Gipfel der Tannheimer Berge. Die beiden Massive bieten zahlreiche reizvolle Durchsteigungsmöglichkeiten.

Seiten 22/23:
Zugspitzmassiv von Westen über Ehrwald. Links das Schneefernerhaus, in der Mitte Schneefernerkopf und Wetterwandeck. Von oben gesehen gleicht Deutschlands höchstes Bergmassiv einem riesigen Backenzahn.

Seite 24:
In der Bildmitte die Alpspitze von Westen. Vom Gipfel fällt nach rechts der Südwestgrat zum Blassenkamm. Links hinten Dreitorspitze und direkt über der Alpspitze der Oberreintalschrofen. Im Hintergrund der Zillertaler Hauptkamm.

Seite 25:
Der Hohe Göll von Westen. Direkt durch den Schatten, der schräg durch die Westwand zieht, kann man den scharfen dunklen Einschnitt des Trichters erkennen, durch den einer der klassischen Westwandanstiege führt. Links im Hintergrund das Dachsteinmassiv.

Seite 26:
Das mit tiefen Schluchten durchzogene Hochkaltermassiv von Nordwesten. Die Ersteigung des Hochkalter bleibt nur erfahrenen Alpinisten vorbehalten.

Seite 27:
Kleine Bischofsmütze (links) und große Bischofsmütze (rechts) von Süden, dazwischen die Mützenscharte mit der Südflucht (im Schatten), durch die der Normalanstieg (II) auf die Große Bischofsmütze führt. Sie ist der höchste und markanteste Gipfel des Gosaukammes.

Seiten 28/29:
Mittlerer Gosaukamm von Norden. Links die berühmte Däumling-Ostkante, rechts an der Licht-Schatten-Linie die markante Nordkante des nördlichen Mandlkogls, die dem berühmten Freikletterer Paul Preuß im Jahre 1913 zum Verhängnis wurde. Die höchste Erhebung im Bild ist die Großwand (im Schatten), rechts davon das hohe Großwandeck. Unter den Abstürzen entlang führt der »Steiglweg«.

Seite 30:
Der Hohe Dachstein mit seiner berühmten Südwand. Auf das schneebedeckte Dach im unteren Wanddrittel, über den folgenden Pfeiler und durch die links vom Gipfel mündende Kaminreihe führt die »Himmelsleiter der Steierer Buben«. Links obere Windluke und Westgrat.

Seite 31:
Ödstein von Nordwesten. Links der Ödsteinkarturm, dann die Ödsteinkarwand und der »Abseilturm«; weiter rechts der Große Ödstein mit seiner prächtigen 800 m hohen Nordwestkante, einer der eindrucksvollsten Kletterwege im Gesäuse. Der Grat nach rechts, abgesetzt am Kleinen Ödstein, fällt 1700 m ab ins Johnsbachtal.

Der Hohe Dachstein wurde bald ein begehrtes Ziel. Beide Gipfelanstiege erfolgten jedoch von Norden, und man versuchte mit allen Mitteln, auch von Süden, von der Ramsau, einen Zugang zu finden. Johann Auhäusler aus der Ramsau beobachtete Gemsen, wie sie durch die Schwadering aufstiegen und am Hochflächenrand verschwanden. Er überlegte richtig: »Wo Gemsen gehen können, kommen Menschen auch hin«. Gesagt, getan – 1875 war gemeinsam mit Johann Steiner der Südanstieg über die Hunerscharte zum Dachsteingipfel gefunden.
Damit drang der Ruf von der Großartigkeit der Dachstein-Südabstürze in weitere Kreise. Dieser Anstieg abseits der eigentlichen Südwände war freilich nur eine Notlösung. Man liebäugelte mit einem direkten Gipfelanstieg über die gewaltige Südwand – für die damalige Zeit ein überaus kühnes Vorhaben, das auch die heutige Bergsteigergeneration in Staunen und Bewunderung versetzen muß. Johannes Frischauf aus Graz hatte 1877 diesen Plan gefaßt. Die von ihm beauftragten Führer scheiterten allerdings in mehreren Versuchen, die Südwand im Auf- oder Abstieg zu erobern. Im August 1883 – Johann Auhäusler, der »alte Bua« des Dachstein, hatte den Gipfel bereits zum hundertsten Male erstiegen – kamen die bekanntesten führerlosen Bergsteiger der damaligen Zeit. Aber auch sie blieben erfolglos. Carl Diener, nach einem Versuch mit August von Böhm: »Unserer Ansicht nach wird das Problem einer Ersteigung der Südwände der Dachsteinspitzen ungelöst bleiben, ehe dieselben nicht bis zu ihrer Basis herab verwittert sind«.
Bis dahin wollte man aber nicht warten. 1884 versuchten es Emil und Carl Zsigmondy, Heinrich Köchlin und Ludwig Purtscheller, 1886 der berühmte Raxführer Daniel Inthaler mit Eduard Suchanik, doch auch sie mußten sich geschlagen geben. Die Dachstein-Südwand schien unbezwingbar.
Zwölf Jahre nach dem ersten Versuch kam am 13. Juli 1889 der Wiener »Feuerkopf« Robert Hans Schmitt mit Fritz Drasch und stieg im Bereich des Mitterspitz ein. Der Kampf um das damals »größte Problem der Ostalpen« flammte wieder auf. Schmitt als Führender barfuß. Während einer Rast banden sie sich nach »Art der bosnischen Opanken« mit Bindfäden Leinenflecke »als Kletterschuhe« um die Füße, denn »diese Fußbekleidung ist den Schuhen mit Kautschuksohlen bei weitem vorzuziehen«. Vor dem Ausstieg gab es noch ein Biwak mit Wettersturz.
Der Bann der Unersteigbarkeit der Südwände der Dachsteinspitzen war damit gebrochen, doch die eigentliche Südwand des Hohen Dachsteins blieb unberührt. 1901 stiegen die Gesäusekletterer Eduard Pichl, Eduard Gams und Franz Zimmer im rechten Wandbereich empor zum Ostgrat. Eine großartige Leistung, aber kein direkter Gipfelanstieg.
1909 war es dann soweit. Irg und Franz, Söhne des Ramsauer Bergführers Johann

---

Seite 32: Admonter Reichenstein mit seinem Nordwestabsturz; rechts die tief eingeschnittene Wildscharte und der Grat auf das Sparafeld. Der isolierte Stock des Reichensteins ist dem Hochtorzug vorgebaut, dazwischen das tiefe Johnsbachtal. Auf den Reichenstein führt von Süden ein zwar nicht schwieriger, aber doch sehr ausgesetzter Klettersteig.

Steiner, der mit Johann Auhäusler 1879 die Große Bischofsmütze erstmals bestiegen hatte, hatten sich einen direkten Südwandanstieg und zwar in Gipfelfallinie, in den Kopf gesetzt. Als es ernst wurde, sagte ihr älterer Bruder Hans: »Ihr Narren! Auf mich dürft ihr nicht rechnen, wenn ihr in der Wand eingefangen seid, einen Gnadenschuß von der Dachsteinwarte aus will ich euch geben.«
Beim Einstieg wurde »ein Zweijodler angestimmt, und jetzt in Gott's Namen, geh'n wir's gemütlich an!«
In Wandmitte ist die Schlüsselstelle, eine ausgesetzte Bandunterbrechung. Hier wurde angeseilt. Irg geht voraus, dabei drückte Franz ihm »die mitgetragene Stange an den Rücken, um ihm etwas Gleichgewicht zu geben, einige Taster mit den Fingern und Zehen, und Irg war drüben«. Ihrem Siegeslauf stand nun nichts mehr im Wege. Nach viereinhalb Stunden »sehr interessanter und kurzweiliger Kletterei« standen die beiden am Dachsteingipfel. Mit dieser »Himmelsleiter der Steinerbuben« wurde eine der großartigsten Felsfahrten der Ostalpen eröffnet.

Willi End

Gesäuse

Der atemberaubendste Tiefblick, den ich kenne, ist der vom Dachl hinab in das Haindlkar. Wenn man vom Hochtor absteigt und dem Grat zur Roßkuppe folgt, passiert man dieses firstartige Gratstück, eine sich nach Süden flach abwärtsneigende karrenzerfressene Kalkplatte, die nach Norden übergangslos abbricht. Senkrecht, überhängend, erst ein ausgebauchter Riesenplattenwulst, lotrechte ungegliederte Wand, schließlich als steiler Plattenkegel im Kar fußend. Jeder tritt zaghaft an diese Abbruchkante, durchaus auch jene, die eben erst auf einer der kühnen Dachl-Kletterrouten dem Abbruch entstiegen sind.
Löst man den Blick aus der Vertikale, von der kühnen Linie der begrenzenden Roßkuppenkante, dem unheimlichen Trichter der Dachlverschneidung, der riesigen Mauer hin zum Ödstein, läßt man ihn hinausschweifen, hinab in den Grund des Durchbruchtales der Enns, wo sich, 1600 Meter tiefer, im Widerschein der Nachmittagsonne das glänzende Band des Flusses windet, so wird man gewahr werden, daß es hier eines der großartigsten Bilder auf dieser Erde zu schauen gibt, wo immer es Gebirge gibt.
Das weite und liebliche Talbecken von Admont ist im Osten von Bergstöcken abgeriegelt – ein Wall, der immerhin 1800 Meter über das Tal aufragt. Dorthin fließt ruhig der Fluß, die Enns, in sanften Schleifen, begleitet von Birken am Ufer und moorigen Wiesen. Und dann bricht dieses stille Wasser in das Gebirge: erst zwischen den hochaufragenden Torwächtern des Himbeersteins und der Haindlmauer hindurch, dann weiter, weißtosend und wildrauschend, sechzehn Kilometer durch das Herzstück der Ennstaler Berge – das Gesäuse. Dieser Name gilt nun nicht der Flußlandschaft allein, sondern auch dem daraus aufragenden Gebirge, dem Hoch-

torzug, der vom Ödstein bis zur Planspitze mit dem mächtigsten Felsaufbau aufwartet: eine gewaltige Mauer, die sich über mehrere Kilometer erstreckt. Jenseits der Enns, freundlicher, sonnig, wuchtig dennoch, das Massiv des Buchsteins und über dem Johnsbachtal der Reichensteinstock. Weiter im Westen, versteckt hinter den Zinödlwänden, noch der Doppelgipfel des Lugauer, und im Norden Admonts – eigentlich außerhalb des Ennsdurchbruches – erstreckt sich noch der Gratzug der Haller Mauern. Der Nordabsturz des Hochtorzuges, bis zu neunhundert Meter hoch, ist ohne Zweifel Schaustück Nummer eins. Die anderen vier Gruppen vollenden in ihrer Verschiedenartigkeit das Landschaftsbild des Gesäuses.
»Foahr' ma in's G'sais'!« Die verschiedensten Mundarten lassen sich vernehmen, wenn sich am Wochenende die eingefleischten Gesäusebergsteiger dorthin aufmachen. Unterschiedlich auch, was man sich zum Ziel setzt: die Wanderer vielleicht den Besuch der einmalig schön gelegenen Mödlingerhütte unter dem klotzigen Stock des Reichenstein oder den Rummelplatz des Kalbling, auch den Tamischbachturm. Diese beiden Berge sind die einzig wirklich leichten Gipfel des Gebietes. Das Johnsbachtal und der Weg zur Heßhütte, der Übergang zurück ins Haupttal, absteigend über den Wasserfallweg – ein Steig in wilder Felslandschaft – ist eine der schönsten Wanderrouten im Gesäuse. Reichenstein, Hochtor und Lugauer sind als Gipfelbesteigungen zwar nicht schwierig, setzen aber etwas Kletterübung voraus.
Die Bergsteiger verstehen das Gesäuse als Hochburg des Kletterns. Es ist ein ernstzunehmendes Gebirge, zumindest gilt dies für die hohen Nordabstürze des Hochtorzuges. Die Routen sind lang, nicht immer einfach zu finden, Wetterstürze können hier sehr plötzlich hereinbrechen, die Mittagsgewitter im Sommer sind berüchtigt. Das Zentrum des Klettergeschehens ist das Haindlkar. An den Wänden und Kanten des Ödsteins, Hochtors, Dachls, der Roßkuppe und Planspitze wurden Maßstäbe der jeweiligen alpinistischen Entwicklung gesetzt. 1896 war dies die düstere, abschreckende neunhundert Meter hohe Nordwand des Hochtors, die Schlüsselseillängen von damals werden heute noch mit IV+ bewertet! Heute sind es die »Dachl-Komplizierte« (VII), oder die Freibegehung der einst hakentechnischen Routen wie »Dachl-Diagonale« (VIII). Und die Entwicklung schreitet weiter fort. Inzwischen ist auch die Legende gebrochen, wonach die Erschließung dieser Wände bevorzugt von Vertretern der Wiener Schule des Kletterns geleistet worden sei.
Zu Beginn der fünfziger Jahre durchstieg Toni Hiebeler mit Uli Wyss die Dachl-Roßkuppenverschneidung. Es war die 6. Begehung, und die beiden hatten erheblich zu kämpfen. Drei Tage, Stürze, Erschöpfung. Die Todesverschneidung galt damals als eine der wildesten und schwierigsten Klettereien in den Alpen: VI+, die Grenze des Menschenmöglichen. Ich lernte Toni kennen, als er in einem begeisternden Vortrag davon erzählte. Das war 1958. Unerreichbar waren diese Wände für mich, der ich damals eben mit dem Klettern begann. 1963 kletterte ich mit Helga durch die Verschneidung. Helga war in ihrem ersten Kletterjahr, und wir stiegen an einem sonnendurchglühten Nachmittag über die grauen und gelben Überhänge, Platten und Risse auf den Dachlgrat. Ein paar Tage später trafen wir Toni wieder: am

Kalbling, und wir kletterten zusammen. Das ist lange her. Vor drei Jahren kletterten unsere jungen Freunde Roman und Ernst Gruber die Verschneidung völlig frei, ohne Hakenhilfe – noch vor zehn Jahren unvorstellbar. Wohin wird sich das Bergsteigen, Klettern, entwickeln? Dies wird nur die Menschen berühren, die dies tun. Die Gesäuseberge sind ein großartiges Naturmonument und auch ein wunderbares Spielfeld für bergsteigerische Betätigung. Die Frage, was man dort findet, hängt allein davon ab, was man sucht. Der Blick in die großen Wände schließt nicht aus, auch die zarte Frauenschuhorchidee zu sehen und dies miteinzubeziehen zu dem, was man erlebt hat, wenn man unterwegs war im Gesäuse.

Helga und Rudi Lindner

Kaisergebirge

Das Kaisergebirge zählt zu den landschaftlich reizvollsten, interessantesten und meistbesuchten Berggruppen der Nördlichen Kalkalpen. Wegen seiner geringen Ausdehnung und den niederen Gipfelhöhen ist es ein Miniatur-Hochgebirge, dessen Ost-West-Achse zwischen dem Zettenkaiser und dem Lärcheck nur zehn Kilometer mißt. Der Wilde Kaiser ist ein Klettergebiet par excellence. Die insgesamt 41 Gipfel bieten mehr als fünfhundert Routen für Bergwanderer, Genußbergsteiger und Sportkletterer.
Gebietsgrenzen sind im Westen das Inntal, im Süden das Sölland, im Osten die Talfurche St. Johann–Griesenau–Kössen und im Norden die Linie Kössen–Walchsee–Niederndorf zurück ins Inntal an der bayerisch-tirolischen Grenze. Man unterscheidet den Zahmen und den Wilden Kaiser, zwei parallel ost-westwärts verlaufende Gebirgsketten, die halbwegs durch das 1580 Meter hohe Stripsenjoch verbunden sind. Westlich desselben, gegen Kufstein, ist das Kaisertal, östlich, gegen Griesenau, ist das Kaiserbachtal eingeschnitten. Von Griesenau führt eine fünf Kilometer lange Mautstraße zur tausend Meter hoch gelegenen Griesner Alm. 1963 hat die Tiroler Landesregierung ein 10 200 Hektar großes Gebiet, das den Zahmen und den Wilden Kaiser umfaßt, unter Naturschutz gestellt. Es gilt also hier in besonderem Maße, Flora und Fauna zu schützen, sich ruhig zu verhalten und die Umwelt zu schützen.
Über die Entstehung des Kaisergebirges sind sich die Geologen noch nicht völlig einig. Professor Otto Ampferer vertrat die Meinung, daß die etwa tausend Meter mächtige »Kaisergebirgsdecke« aus kompaktem Wettersteinkalk von Süden her auf den Sockel des Niederkaisers geglitten sei. Neuere Studien sprechen für ein »aus dem Meer emporgetauchtes Korallenriff«. Für den Beschauer interessant sind die auffallenden Felsschichten, die am Totenkirchl und Predigtstuhl senkrecht stehen und so Kamine und Risse bilden, und sich an der Kleinen Halt als riesige, etwa fünfzig Grad geneigte Plattentafeln zeigen. Das Kaisergebirge wurde einst von zwei

mächtigen Eisströmen, dem Inn- und Achengletscher, umspült und teilweise überschwemmt. Vom Rofan bis zum Kitzbüheler Horn dehnte sich eine Gletscherfläche, aus der keine Berginsel aufragte.
Erste menschliche Spuren im Kaisertal gehen bis in die Steinzeit zurück. In der Tischoferhöhle wurden nicht nur die Knochen von 380 Höhlenbären und anderen Tieren gefunden, sondern auch Geräte und Schmuck von Menschen der jüngeren Stein- und Bronzezeit. Es wird vermutet, daß die Almwirtschaft bis in die Römerzeit zurückreicht. Während der »Rodungszeit« (700–1300) machte das Land um das Kaisergebirge Bekanntschaft mit den eingedrungenen Stämmen der Bajuwaren.
Der Name »Kaiser« ist 750 Jahre alt. In einem herzoglich-bayerischen Güterverzeichnis von 1222/1278 hielt ein Hofschreiber die jährliche Zinsleistung eines Bauern im Kaisertal mit folgenden Worten fest: »Von aime lehn hinder dem Kaiser git man einen boc«. Der berühmte Kartograph Mathias Burgklehner bezeichnete auf seiner Karte Tirols (1611) ein Gebirge in der Herrschaft Kufstein mit »Aufm Kaiser«.
Die ersten Eindringlinge in die Hochgebirgszone des Wilden Kaisers waren einheimische Wildschützen, Jäger und Hirten, deren Namen man nicht kennt. Zweifellos wurden die unschwierig zu besteigenden Gipfel wie Lärcheck, Klein- und Mitterkaiser, Maukspitze, Sonneck und Scheffauer schon vor dem Auftauchen der Touristen aus den Städten besucht. Die eigentliche bergsteigerische Erschließung des Wilden Kaisers begann erst vor etwa 150 Jahren. Weiter zurück datiert ist der erste Bericht einer Besteigung des Scheffauers vom Steinberg aus im Jahre 1794. Erst drei Jahrzehnte später, am 1. Oktober 1826 betrat der aus Kramsach im Inntal stammende Peter Carl Thurwieser mit zwei Einheimischen die Ackerlspitze, den zweithöchsten Kaisergipfel, und malte seinen Namen auf die Gipfelfelsen. Als erste Münchner, die später als Erschließer eine bedeutende Rolle spielten, tauchten 1853 die als Himalayaforscher berühmt gewordenen Brüder Emil und Robert Schlagintweit im Kaiser auf und bestiegen mit Michael Oerger den Treffauer. Im Jahre 1858 wurde dann die Eisenbahnstrecke München–Kufstein–Innsbruck als wichtige Zubringerlinie eröffnet.
Eine neue Erschließungsphase leitete 1869 der zweiundzwanzigjährige Jurastudent Karl Hofmann ein. Er war auch Mitgründer des Deutschen Alpenvereins im Mai 1869 in München. Damit begann der organisierte Tourismus. Mit dem Wildschützen Johann Schlechter, genannt Madl-Hansl, bestieg Hofmann erstmals den höchsten Kaisergipfel, die Ellmauer Halt (2344 Meter). Hofmann verfaßte 1870 die erste topographische Abhandlung über das Kaisergebirge. Wichtige Impulse zur Erschließung des Kaisergebirges, zur Erbauung von Hütten und Wegen gingen von der 1877 gegründeten Alpenvereins-Sektion Kufstein und ihrem Vorsitzenden, Dekan Mathias Hörfarter, aus.
Im Jahre 1880 waren von den 41 Kaisergipfeln erst 14 von Touristen betreten. Einige Berge galten wegen ihres schroffen Aufbaus sogar als unbezwinglich, vor allem das Totenkirchl. Bis 1881 scheiterten alle Versuche der Nagelschuh-Kletterer. In diesem Jahr, in dem Thomas Widauer vom Hintersteiner See als erster Bergführer im

Kaisergebirge autorisiert wurde, erreichte Gottfried Merzbacher den Totenkirchlgipfel. Er holte sich den Michel Soyer, einen Bauernknecht und berüchtigten Wirtshausraufer, aus Going, und der fand einen heute kaum mehr begangenen Durchstieg durch das Felslabyrinth. Merzbacher, dem später wegen seiner Kaukasus-Expeditionen der Professorentitel zuerkannt wurde, berichtete von »schwierigsten, anstrengendsten und gefährlichsten Klettereien, die überhaupt bis zur Grenze der Möglichkeit gehen«. Er glaubte, den Gipfel auf dem »einzig möglichen Wege« erreicht zu haben. Heute gibt es mehr als fünfzig Routen. Eine sportliche Note brachte der Gymnasiast Georg Winkler, an den die Winklerschlucht am Totenkirchl erinnert, in den Kaiser. Er fragte naiv: »Warum gibt es nicht für die schnellste Erkletterung eines Berges einen Preis wie zum Beispiel bei Velozipedrennen?«
Der klassische Erschließer des Wilden Kaisers war um die Jahrhundertwende der aus Nürnberg stammende Georg Leuchs. Bis 1900 hatte er von 200 bekannten Routen 192 selber begangen und 45 Erstbegehungen ausgeführt. Für viele Jahre war sein mustergültiger »Führer durch das Kaisergebirge« ein verlässiger Leitfaden für die Kletterer. Noch eine Sprosse höher auf der Schwierigkeitsskala stieg das Klettergenie Hans Dülfer. 1892 in Barmen geboren, kam er 1911 als Musikstudent nach München und eröffnete mit verfeinerter Kletter- und Seiltechnik Routen, die bis heute ihren Nimbus nicht verloren haben, zum Beispiel die Fleischbank-Ostwand (1912) und die Totenkirchl-Westwand (1913).
Im Kaisergebirge wurde die weitere Entwicklung der ostalpinen Felskletterei von Hermann Buhl und Mathias Rebitsch bis zu den heutigen Rotpunkt- und Sportkletterern dokumentiert. 1944 kam es in der Fleischbank-Südostverschneidung zur ersten Verwendung von Bohrhaken und zu einer Ära des Kletterns mit künstlichen Hilfsmitteln. Direktanstiege durch die Fleischbank-Ostwand und die Westwand des Predigtstuhl-Nordgipfels standen auf der Tagesordnung. Bereits 1946 hatte der Tiroler Meisterkletterer Mathias Rebitsch den Fleischbank-Pfeiler entdeckt, einen Zacken im unteren Teil des Fleischbank-Nordgrates, der mit einer zweihundert Meter hohen, teilweise überhängenden Wand in die Steinerne Rinne abbricht. Hier wurde 1977 durch Helmut Kiene und Reinhard Karl der erste VII. Schwierigkeitsgrad geklettert. Hier spielt sich in Parkplatznähe der moderne Kletterbetrieb ab. Immer neue Kletterrouten und Varianten werden gefunden und mit teilweise skurrilen Phantasienamen gekennzeichnet: »Frustlos«, »Mythomania«, »Neue Dimension des Herzens« ... Was hätte wohl der verstorbene »Kaiserpapst« Franz Nieberl dazu gesagt?
Sportliche Leistung wird groß geschrieben, aber darüber soll das Erlebnis im Bereich des Genußkletterns nicht vergessen werden. Wer das Glück hat, am Kopftörlgrat der Ellmauer Halt (III) nicht durch allzu viele Weggenossen belästigt und behindert zu werden, der kann den Kaiserfels in seiner Vielfalt genießen, ebenso bei einem Spaziergang durch die kirchdachsteilen Platten der Kleinen Halt-Nordwestwand (III) oder an der exponierten Predigtstuhl-Nordkante (IV). Das ist edler Kaiserfels! Es kommt kaum vor, daß brüchiges Gestein unter den Fingern zerbröselt oder daß

Tritte ausbrechen wie morsche Leitersprossen. Und wer sich die Christaturm-Südostkante (IV–V) oder die Fleischbank-Ostwand (V) zutrauen darf, der wird trotz des stellenweise von Handschweiß und Kletterschuhen polierten Gesteins sein Klettervergnügen finden.
Auch Toni Hiebeler lernte als blutjunger Rätikon-Kletterer frühzeitig den Wilden Kaiser und seine Modetouren kennen: die Predigtstuhl-Nordkante, die Ost- und Südostwand der Fleischbank. Nach der Ostwand gab es ein Biwak in der Steinernen Rinne. In der »Südost« kletterte er unter Vermeidung des Seilquerganges direkt zum Rossiüberhang und Grasband hinauf. Ein Verhauer! Hier prasselte ein Unwetter los und trieb die Seilschaft zurück. In der Fleischbank-Ostwand blieben vier junge Kletterer hilferufend hängen. Toni Hiebeler machte Meldung im Stripsenjochhaus. Am frühen Morgen zog er mit der Rettungsmannschaft los. Leider konnte nur noch einer der Jungen lebend geborgen werden. Das war ein recht trauriges Kennenlernen, aber der Wilde Kaiser schenkte Toni später noch manche schöne Fahrt im Sonnenschein.
Wenige Tage vor seinem Unglücksflug in Jugoslawien hat er sich den Kaiser noch einmal aus der Himmelsperspektive angeschaut und die prächtigen Bilder für dieses Buch aufgenommen. War es Absicht, sich auf weniger bekannte Motive zu beschränken und auf die hunderttausendmal photographierten Berge wie Totenkirchl, Predigtstuhl und Kleine Halt zu verzichten?
Heute ist das Kaisergebirge auf den Standardrouten überlaufen. In Ballungsgebieten ist es ein großer Klettergarten mit einem Wirrwarr von Möglichkeiten. Aber es gibt auch noch abseitige Gipfel, die eine vergnügliche Rast und eine befriedigende Umschau bieten. Auch Toni Hiebeler erkannte das: »Ich glaubte bisher, der Wilde Kaiser stecke voller Gegensätze, aber jetzt weiß ich, daß man im Kaiser auch ruhige, ausgeglichene Tage verleben kann. Das ist der Wilde Kaiser! Und darum ist's eben der Wilde Kaiser, weil er dem jungen Bergsteiger alles schenkt, was er braucht.«

Fritz Schmitt

Karwendel

Karwendel: Ein großer, in sich geschlossener Freiraum, markiert von der Innfurche im Süden, dem Achensee im Osten und der Isar im Westen, neunhundert Quadratkilometer Bergraum, fast menschenleer im dichtbesiedelten Mitteleuropa. Sehr früh muß das Karwendel schon besiedelt gewesen sein – was man halt Siedeln im Karwendel nennen mag. Denn in dem ganzen riesigen Gebiet gibt es nur eine einzige, winzig kleine Siedlung, die das ganze Jahr bewohnt ist: Hinterriß, das zwar zu Tirol gehört, aber einigermaßen bequem nur über bayerisches Gebiet erreicht werden kann. Einöde, Einsamkeit gibt's im Karwendel daher heute noch genug, auch wenn im Sommer Blechlawinen die Riß zudecken.

Namen künden von uralter Anwesenheit der Menschen im Karwendel. Namen, in denen die Vorzeit heute noch rauscht, die auf der Zunge zergehen beim Aussprechen. Laliders, Ladiz, Lafatsch, Falzturn, Gramei und wie sie alle heißen. Schon die Bezeichnung »Walch«, wie wir sie in Walchensee, Walchen oder auch Wallgau finden, deutet auf das Rückzugsgebiet der früheren Bewohner, der »Walchen« genannten Romanen hin.

Das Karwendel ist anders als die meisten Gebirge der nördlichen Kalkalpen gegliedert. Während wir meist einen Hauptkamm kennen, wie im Allgäu, dem Lechtal oder auch dem Wetterstein, oder aber Gebirgsstöcke wie weiter im Osten, sind es im Karwendel vier gewaltige Ketten, die sich von West nach Ost ziehen. Von Süden her, von Innsbruck also, ist die Nordkette mit der kecken »Frau Hitt« die erste. Sie ist die kürzeste, denn der gewaltige Bettelwurf gehört nur scheinbar zu ihr. In Wirklichkeit schiebt sich hier die Gleierschkette vor, bildet mit ihrem höchsten Gipfel, eben dem Bettelwurf, die gewaltigste Bergkulisse, die eine Großstadt wie Innsbruck in den Alpen aufzuweisen hat. Zweitausend Meter ragt die graue Mauer des Bettelwurfs über dem Inntal auf. Auf der Nordseite stürzt sie 1500 Meter tief ins schaurig-romantische Vomperloch. Die eigentlichen Prunkstücke der Gleiersch-Kette sind die unter Bergsteigern wohlbekannten Nordwände der Praxmarerkarspitze und des Lafatschers.

Die längste Kette ist die Hinterautalkette, die mit den Laliderer Wänden und den Nordwänden von Grubenkar- und Spritzkarspitze die großen Schaustücke des Karwendels birgt. Doch vor so berühmten Namen sollte man nicht die vielen schönen Gipfel übersehen, die von der Pleissenspitze im Westen bis zum Hochnissel und noch weiter nach Osten diese gewaltige Kette bilden, die anderswo ein großes Gebirge für sich allein wäre.

Den Abschluß nach Norden bildet die nördliche Karwendelkette, die hoch über Mittenwald aufsteilt und über die westliche Karwendelspitze und das markante Eck des Wörners hinüber zieht über die östliche Karwendelspitze gegen die Hinterriß. Die Erlspitzgruppe im Südwesten und die drei »Äste« der Falken, des Gamsjochs und des Sonnjochs im Nordosten, runden den Hauptteil ab, während sich nordwärts, von der Isar zum Achensee, das wald- und wildreiche Vorkarwendel erstreckt.

Wenn man im Karwendel vom Bergsteigen spricht, fällt einem natürlich sofort der Name Hermann von Barth ein. Allerdings war er nicht der allererste Bergsteiger im Karwendel. Schon 1654 erstieg ausgerechnet ein Berliner, der kurfürstliche Rat Mentzel, einen hohen Berg bei Mittenwald, vermutlich die Westliche Karwendelspitze. Doch Hermann von Barth war eigentlich der erste richtige Bergsteiger im Karwendel. Er betrieb die Bergsteigerei mit System. Auf 88 Gipfeln des Karwendel stand er innerhalb kurzer Zeit, davon mindestens auf einem Dutzend als erster

---

Seite 41: Vordere Karlspitze von Osten. Sie begrenzt westlich das Ellmauer Tor und bricht gegen Osten und Südosten mit steilen Wänden ab. Der vorgelagerte Karlspitzpfeiler mit seiner glatten Südwand wurde 1951 erstmals über die Südostkante erklettert.

Seiten 42/43:
Das Kaisergebirge von Nordwesten: Wie eine Gebirgsinsel erhebt sich der »Kaiser« aus dem spätherbstlichen Nebelmeer. Von links nach rechts: der 800 m hohe Ostabsturz der Maukspitze, darüber die Akkerlspitze und nach dem Einschnitt des Ellmauer Tores die Ellmauer Halt.

Seite 44:
Die Maukspitze von Südwesten. Sie ist der bekannteste und meistbesuchte Kletterberg im Ostkaiser. Aus dem Kar »Niedersessel« bildet eine diagonal rechts aufwärts führende Schrofenrampe einen unschwierigen Anstieg zum Gipfel. Spenglerkamin, Westwand, Südpfeiler und die neuen Kletterrouten stellen dagegen hohe Anforderungen in den oberen Schwierigkeitsgraden.

Seite 45:
Links das spitzwinkelige Dreieck der westlichen Hochgrubachspitze mit ihrer plattigen Südwand, im Schatten die östliche Hochgrubachspitze und daneben die beherrschende Ackerlspitze, der zweithöchste Kaisergipfel, mit der teils schrofigen Südwand und den Türmen des Südostgrates.

Seite 46:
Karwendel-Südkette über Innsbruck von Norden gesehen – ein sehr ungewöhnlicher Blickwinkel. In der Bildmitte die Kumpfkar-Westwand; durch sie führt in ausgezeichnetem Fels eine Route mit Schwierigkeitsgrad III–IV (eine Seillänge V), 1947 erstmals durchstiegen, seitdem vielleicht ein halbes Dutzend Mal wiederholt. Einsamkeit im Karwendel!

Seite 47:
Nördliche Karwendelkette über Mittenwald. In der Mitte der Kette Tiefkarspitze und Viererspitze, die mit ihrer absolut senkrechten Nordwand scharf Sonne und Schatten abgrenzt. Hinten schiebt sich der flache Bug des Wörners weit nach Norden vor.

Seiten 48/49:
Der vorwitzige Zacken in der Bildmitte ist die Frau Hitt, die frech auf Innsbruck hinunterschaut. Rechts, gerade noch in der Sonne, das vordere und hintere Brandjoch; vorne, sonnenbeschienen, die Hippenspitze. Links über dem düsteren Frau-Hitt-Kar die westliche und östliche Sattelspitze. Dahinter die westlichen Zillertaler Alpen mit Olperer, Vosstein und Schrammacher. Rechts hinten lugen über dem Wipptal noch die Dolomiten hervor.

Seite 50:
Lalidererwand von Westen. Aus dieser Perspektive spürt man die Steilheit dieser Mauern von Laliders und kann die Einsamkeit ahnen, die man dort spürt – in Rufweite der Touristen im Kar. Links im Schatten der Grubenkarpfeiler und hinten, teilweise noch besonnt, der Eckpfeiler der Lamsenspitze.

Seite 51:
600 m hoch und 4 km lang ist die Südwand der Drei Drusentürme und der Drusenfluh. Eine Vielzahl von schwierigsten Klettertouren findet man hier, wo schon 1932 der VII. Schwierigkeitsgrad geklettert wurde. Die Wanderung entlang dieser Wände gehört zu den schönsten in den Ostalpen.

Seite 52:
Zwei Kletterer auf der »Norbert-Jäger-Führe« in der Drusenfluh-Südwand. Die Felswände bieten hier alles, was ein Kletterer sich wünscht, von der leichten Genußtour bis zu den schwierigsten Sportklettereien.

Seite 53:
Die Zimba von Osten. Sie ist das »Vorarlberger Matterhorn«. Deutlich sieht man den beliebten Ostgrat (Schwierigkeitsgrad IV-).

Seiten 54/55:
Das Staubecken des Lüner Sees mit der Seilbahnstation und der Douglashütte. Im Hintergrund die Westseite der Sulzfluh (links)und die Nordflanke der drei Drusentürme und Drusenfluh. Die Douglashütte ist der beste Ausgangspunkt für eine Wanderung zur Schesaplana.

Mensch. Ein schlichtes Denkmal auf dem Kleinen Ahornboden erinnert an ihn. Die geographische Lage des Karwendel brachte es mit sich, daß die Innsbrucker und Münchner Kletterer bei der Erschließung ziemlich unter sich waren. Schon in den neunziger Jahren des 19. Jahrhunderts begann das Rennen um die großen Nordwände. Die Innsbrucker Ampferer, Berger, Melzer, Spötl und andere waren ungemein aktiv: 1896 die Bettelwurf-Nordwand, heute noch Schwierigkeitsgrad IV, Grubenkar-Nordwand (IV) nur als Beispiele. Die Münchner Bauriedl und Holzer – beide Maler, deren Werke heute noch geschätzt sind – erstiegen die Spritzkarspitze durch den abenteuerlichen »Schiefen Riß« – heute noch Schwierigkeitsgrad V – in der Nordwand.

Natürlich zog die Laliderer Wand die Begierden an, und ausgerechnet dort kamen die Wiener Gebrüder Mayer mit den Dolomitenführern Dibona und Rizzi den Einheimischen ins Gehege, und noch dazu Otto Herzog, einer der Herausragenden im Karwendel. Dieser hatte nämlich in der Laliderer Wand die Schlüsselstelle schon bezwungen, die Route festgelegt, da zwang ihn und seine Gefährten ein Gewitter zum Rückzug. Und während Herzog grimmig ins Manöver ziehen mußte, eroberten andere die Laliderer Wand. Dafür legte er nach dem Krieg durch die Dreizinkenwand (östliche Laliderer Wand) mit Gustav Haber einen Weg, der heute noch in Freikletterei Schwierigkeitsgrad VI+ ist.

Noch in den fünfziger Jahren gab es jungfräuliche Tausendmeterwände (Kuhkopf-Nordwand, 1954). Unmöglich, hier all die Namen zu nennen, den Eingeweihten wohlbekannt: Frenademetz, Rainer, Solleder, Pfeffer, Schober, Simon, Huber. Und trotz aller Unkenrufe von endgültigem Abschluß aller Erschließung wurden neue Routen gefunden, bis Ende der siebziger Jahre das Freiklettern neue Maßstäbe setzt: Mariacher und Brandstätter, die 1977 die Plattenzone rechts der Rebitschverschneidung durchsteigen. Der VII. Grad war noch nicht gefunden, aber die Route lag in dieser Schwierigkeit, und der Name, den ihr die Erstbegeher gaben – Charlie Chaplin – zeigt die Wendung ins Spielerische auf.

Es war nicht zu vermeiden, daß eine so exemplarische Mauer ». . . die kilometerlange ungeheure Nordbastion der wildesten Gipfel, sich selbst überbietend . . . fast 1000 Meter wie mit dem Lot gepeilt, zum schrundigen Grat . . . unwahrscheinliche Flucht von Stein, nicht Gipfel, nicht Berg – nur Mauer« (Maduschka), daß eine so exemplarische Mauer wie die Wände von Laliders Schauplatz mancher Bergsteigertragödien waren. Aber auch Schauplatz manch geglückter Rettung, von der aufsehenerregenden Tat Grammingers 1939 etwa angefangen bis zu der Riesenaktion 1979, wo mit Hilfe von drei Spezialstahlseilen, extra für die Laliderer wände gefertigt, zwei junge Kletterer aus aussichtsloser Situation gerettet wurden.

Angesichts der Geschichte von großen Wänden könnte man meinen, das Karwendel bestünde nur aus solchen. Weit gefehlt. Die Grate bestimmen mindestens im

---

Seite 56: Die Schesaplana ist der meistbesuchte Berg des Rätikon. Über den Brandner Gletscher erreicht man den Hauptgipfel in der Bildmitte.

gleichen Maße den Charakter des Gebirges und des Bergsteigens, gewähren Bergglück in höchster Vollendung. Sie sind vielleicht derzeit nicht so sehr in Mode – eigentlich ein Anlaß, sie aufzusuchen.
Das Karwendel ist aber auch das Land der Wanderer. Nicht nur die langen Täler entlang, auch über die Ketten hinweg führen viele Wege zum Bergsteigerglück. Und die Alpenvereinshütten dort sind dem Gebirge angepaßt, ob es nun die stilvolle kleine Hochlandhütte ist, unverschandelt durch Zubauten der Neuzeit, die sich an den Wörner schmiegt, das Jugendstiljuwel des Karwendelhauses, Falken-, Lamsenhütte oder Hallerangerhaus.
Das Karwendel ist ein Land der Einsamkeit. Sicher wird der das bezweifeln, der die Blechlawinen in der Hinterriß oder in der Eng, die überfüllten Hütten an Feiertagen und Karwendelmärsche erlebt hat. Natürlich kann sich ein Land, mag es auch im herkömmlichen Sinn unwirtlich sein, nicht wehren, wenn es mitten in diesem Ballungsraum zwischen München und Innsbruck liegt. Trotzdem gewährt das Karwendel heute noch Tage der köstlichen Einsamkeit. Du kannst deine Skispuren allein im kristallenen Pulver, deine Bögen im spritzigen Firn ziehen, hast Felstage absoluter Einsamkeit, brauchst tagelang keinem anderen Menschen zu begegnen. Wo? Wann? Das, Freund, sage ich dir nicht. Du mußt es selbst suchen – und schweigen!

Fritz März

Rätikon

Schemenhaft beleuchtete das Licht der Sterne den schmalen Schottersteig, der sich unter den dunklen Latschenzweigen steil emporzog. Schwer drückte das ungewohnte Gewicht des Rucksacks und trieb mir den Schweiß in gleichmäßigen Tropfen über das Gesicht. Aufgeregt stolperte ich über das lose Geröll und war in Gedanken bei den Abenteuern in einer geheimnisvollen Landschaft, die ich in den Wochen zuvor in Toni Hiebelers erstem Buch »Abenteuer Berg« mit Begeisterung gelesen hatte. Nun sollten sich die Wünsche und Träume eines Sechzehnjährigen erfüllen.
Der Weg vor mir wurde flacher, und zwischen den dunklen Latschen öffnete sich der Blick auf eines der schönsten Hochtäler der Ostalpen, das Gauertal. In pastellfarbenem Grau zeichnete sich über dem weiten Talkessel die Silhouette der Drei Drusentürme gegen den dunklen Nachthimmel ab. Die Gipfel schienen mir im Mondlicht wie Phantasieburgen eines Reiches, in dem ich meine aufregendsten Abenteuer in steilen und hohen Felswänden und stille Wanderungen durch abgelegene Täler erleben wollte.
Nur wenige Gebirgsgruppen der Alpen weisen so klare Grenzen auf wie der Rätikon. Seine höchsten Berge erheben sich im Grenzkamm zwischen dem Fürstentum Liechtenstein, der Schweiz und Österreich: Schesaplana (2965 m), Drusenfluh (2827 m), Drei Türme (2754 m) und Sulzfluh (2818). Der Rätikon ist im Osten vom

Gargellental und Schlappintal, im Norden vom Illtal (Montafon und Wallgau), im Westen vom Rheintal und im Süden vom Landquarttal (Prättigau) begrenzt. Von Norden nach Süden zieht sich das Gebiet gut vierzig Kilometer lang dahin und ist von Westen nach Osten fünfzehn bis zwanzig Kilometer breit. Der Rätikon gehört zwar geographisch noch zu den Zentralalpen, aber geologisch hat er größtenteils den Charakter der Nördlichen Kalkalpen, obwohl riesige Urgesteinskeile in die Kalkmassive hineinreichen. Aber gerade das gibt dem Berggebiet einen besonderen, eigentümlichen Reiz.

Der Rätikon bietet alles, was Wanderer und Bergsteiger lieben. Bizarre Felstürme gibt es genauso wie wuchtige Gipfelgestalten oder breite Felskolosse mit sechshundert Meter hohen Steilwänden, und daneben finden sich Grashänge, an denen man durch ein Blumenparadies wandern kann, bis ein wüster Schuttstrom unter einer Felswand die Landschaft erneut verändert.

Ein gut durchdachtes Netz von Wanderwegen verbindet fünfzig Hütten und Berggasthöfe. Die wichtigsten Talorte sind Feldkirch, Bludenz, Vandans, Schruns, Tschagguns, Gargellen in Österreich, auf der Liechtensteiner Seite Vaduz und Steg, im schweizerischen Prättigau Schiers und St. Antönien. Mitten im Herzen des Rätikons steht am Ende des Gauertales die Lindauer Hütte. Am Rande der Baumgrenze liegt sie mitten in einem breiten Talkessel, der von steilen Felswänden und Türmen umschlossen ist – eine Landschaft wie in den Dolomiten.

Vier Kilometer lang ist allein die Wandflucht vom Drusentor bis zum Schweizertor, ein geschlossenes Bollwerk, in dem sich die Südwände der Drei Türme und der Drusenfluh vereinigen. Diese Wände haben in Klettererkreisen das Rätikon weit über seine Grenzen berühmt gemacht. Doch das ist noch nicht alles. Weiter östlich leuchtet der rötlich gelbe Fels der dreihundert Meter hohen und teilweise überhängenden Scheienfluh, daneben die helle, graublaue Südwand der Sulzfluh und weiter im Westen die Felsen der Kirchlispitzen, deren feste Wände zu einem beliebten Sportkletterziel geworden sind – ein Kletterparadies, wie es in dieser Art einmalig in den Nördlichen Kalkalpen ist.

Die Felswände des Rätikons haben eine Besteigungsgeschichte, deren außergewöhnliche Bedeutung leider erst viel zu spät erkannt wurde, und über die Toni Hiebeler schrieb: »Da war dann noch die sechshundert Meter hohe Südwand des Großen Drusenturmes. Über sie sprachen die älteren Kletterer Vorarlbergs meist nur flüsternd, als wäre von einem beängstigenden Ungeheuer die Rede. Der ›Burgerweg‹ (1933) sei eine Route, über deren Schwierigkeit man sich überhaupt keine Vorstellung machen könne. Und es war klar, daß uns Jungen das Burgerweg-Geheimnis auf den Nägeln brannte.

Meine eigentlichen Kletterfreunde gleichen Alters paßten wieder einmal. Im August 1948 hatte ich dann in Hans Franzoi endlich einen Partner für den Burgerweg gefunden. Hans Franzoi war zehn Jahre älter als ich, lang und dürr wie eine Bohnenstange, und die Zeiten waren schlecht. Unser Burgerweg-Proviant war eine Handvoll Grießzucker. Hans kletterte barfuß, ich in Dachdeckerschuhen mit zwei

Zentimeter dicken Hanfsohlen. Die zwölf Millimeter dicken Hanfseile, zwei Stränge von je dreißig Metern Länge, machten uns ständig das Gesetz der Schwerkraft bewußt. Da kamen wir endlich auf jenen unglaublichen Klemmblock, dessen Labilität später berühmt wurde: ein Block von der Größe eines VW-Käfers in einem nach unten geöffneten A-förmigen Spalt verklemmt; zwischen Klemmblock und den Seitenwänden sind kleinere Blöcke eingelagert wie in einem Kugellager. Auf dem Block sitzend spürte man bei der kleinsten Bewegung ein beängstigendes Vibrieren des ganzen Blockgefüges. Das Weiterkommen war klar; ein etwa zwei Meter ausladendes Felsdach, in dem drei rostige Haken steckten, von unten nach oben geschlagen. Doppelseiltechnik kannten wir nur vom Hörensagen. Aber wir hatten sie bald kapiert und das Dach hinter uns.
Ein Jahr später lernte ich die berühmte Comici-Route an der Nordwand der Großen Zinne in den Dolomiten kennen. Comici-Route und Burgerweg sind 1933 erstbegangen worden. Aber keine Comici-Stelle ist so schwierig wie die Schlüsselstelle des Burgerwegs! Und erst Jahre später erfuhr ich, was die Vorarlberger Ernst Burger, Karl Bizjak und Fritz Matt 1933 am Großen Turm wirklich geleistet hatten: Sie hatten nicht das Dach der heutigen Schlüsselstelle (VI/A2) überwunden, sondern die Fortsetzung des A-Spaltes bezwungen, der drei Meter über dem Klemmblock als überhängendes Monstrum jeden Kletterer beeindruckt; die Stelle ist über vierzig Jahre lang nicht wiederholt worden. Ende der siebziger Jahre, als sich bei uns die Freeclimber-Welle auszubreiten begann und viel über den VII. Schwierigkeitsgrad gesprochen wurde, über jene Schallmauer, die man erst in den siebziger Jahren gemeistert zu haben glaubte, schrieb ich: ›. . . ich wette, daß der Burger-Riß mindestens VI bis VII ist.‹ Erst 1979 gab es eine Wiederholung. Der Vorarlberger Beat Kammerlander, einer der besten Kletterer Österreichs: ›. . . VII– vielleicht auch VII.‹ Die Wiederholer hatten superleichte Seile und Reibungskletterschuhe . . .
Der VII. Schwierigkeitsgrad wurde also nicht erst von der heutigen Bergsteigergeneration gemeistert, wie man immer glaubte, sondern bereits 1933 an meinen Heimatbergen.«
Die Sonne hatte die weiten Schuttkare auf der Südseite bis zum Nachmittag erbarmungslos aufgeheizt. Schwitzend stieg ich die letzte Kehre des Weges zum Schweizertor am Ende der langen Wandflucht der Drusenfluh hoch. Hier wechselt der Weg wieder auf die Nordseite des Gratkammes, und im kühlen Schatten konnte ich einen Teil des Berges erkennen, der in der Geschichte des Alpinismus schon sehr früh einen wichtigen Platz eingenommen hatte. Es ist der höchste und meistbesuchteste Berg des Rätikons, die 2965 Meter hohe Schesaplana. Bereits 1610 wurde sie von David Pappus mit den beiden Montafonern Christa Barball und Claus Manall erstbestiegen, es war eine der frühesten Gipfelbesteigungen in den Alpen überhaupt. Heute gehört die Schesaplana-Überschreitung zu den klassischen Gipfel- und Gletscherwanderungen der Ostalpen. Vom Staubecken des Lünersees, den man bequem mit der Seilbahn vom Brandnertal aus erreichen kann, braucht man drei bis vier Stunden bis zum Gipfel.

Noch einen besonderen Gipfel konnte ich vom Schweizertor aus sehen. Als wohlgeformte Pyramide hob er sich deutlich von den anderen Bergen ab und wird darum auch oft als das »Vorarlberger Matterhorn« bezeichnet: die 2643 Meter hohe Zimba. Ich hatte damals all meinen Mut zusammengenommen und wollte am nächsten Tag über den Westgrat den Gipfel erreichen.
Die Zimba, ein ausgesprochener Kletterberg, wurde von dem Bludenzer Anton Neyer schon 1848 bezwungen, siebzehn Jahre vor der Matterhorn-Erstbesteigung! Und dabei war Anton Neyer gar nicht der erste: Er war in Gipfelnähe auf ein menschliches Skelett gestoßen (der Unbekannte war vermutlich von einem Unwetter überrascht und vom Blitz getroffen worden).
Konzentriert querte ich Tritt um Tritt über die glatte Sohm-Platte, die Schlüsselstelle am Westgrat. Ich war mir über die Gefahr der fehlenden Seilsicherung vollkommen im klaren. Doch in meinen Träumen hatte ich schon die schwierigsten Rätikonwände durchstiegen und wollte nun an dieser Dreier-Tour mein erstes Abenteuer erleben. An dieser luftigen Stelle hoch über dem Kar war mein Mut nicht mehr sonderlich groß. Ein leichtes Zittern ging durch meinen Körper, ich hatte das Ende der Platte erreicht und war froh, in einem schützenden Kamin die weniger steilen Gipfelfelsen zu erreichen. Allein und stolz saß ich auf dem Gipfel. Jetzt spürte ich nicht mehr die zerschundenen Knie, ich hatte mir das Reich meiner Wünsche erobert und spürte, daß ich noch oft und lange zu den Bergen des Rätikons kommen würde.

Gerhard Baur

Engadin

Das Engadin gehört zu den bekanntesten und schönsten Teillandschaften der Schweiz. Es füllt den östlichsten Teil der Schweiz aus und ist das größte und längste besiedelte Alpental in dieser Höhenlage. Es erstreckt sich vom Malojapaß (1815 m) über 110 Kilometer nach Nordosten bis Vinadi (1086 m) an der Grenze zu Österreich und wird vom jungen Inn durchflossen.
Auf der linken Talseite bilden vier zusammenhängende Berggruppen die nördliche Barriere: Von Maloja bis zur Senke des Julierpasses sind es die Oberhalbsteiner Alpen; daran schließen sich die Albula Alpen an, die am Flüelapaß nach Osten in die Silvretta übergehen; den Abschluß bildet ab dem Val Sinestra die Samnaungruppe. Auf der rechten Talseite ragen zwischen Maloja- und Berninapaß die stark vergletscherten Riesen der Bernina Alpen auf; vom Berninapaß bis zum Spöltal bei Zernez erstrecken sich die Livigno Alpen mit dem größten Teil des Schweizer Nationalparks, der nördlich in die Münstertaler Alpen hineinreicht. Die beiden Talflanken werden von über vierzig großen und kleinen Seitentälern eingeschnitten, von denen jedes in seiner eigenständigen Schönheit ein kleines Paradies darstellt.
Dem flüchtigen Betrachter mag das Engadin als eine Einheit erscheinen; tatsächlich

wird es jedoch durch die Talenge zwischen Zernez und Zuoz, genauer gesagt kurz oberhalb von Brail in das Unter- und Oberengadin getrennt. Beide Talregionen führen ein durchaus eigenes Leben und unterscheiden sich hinsichtlich Landschaft, Klima und Vegetation.
Über das Engadin schrieb Toni Hiebeler bereits vor mehr als zwölf Jahren: »Wenn man als Bergsteiger, Wanderer und Skifahrer über drei Jahrzehnte durch die Alpen gezogen ist, dann bleibt man irgendwann in einem bestimmten Gebiet hängen. Gleich wie im Leben. Man hat plötzlich kein Verlangen mehr nach Großräumen, wendet sich vom Monumentalen ab zum Detail mit all seinen Köstlichkeiten. Mir ist das Unterengadin ans Herz gewachsen. Und es war Liebe auf den ersten Blick. So wurde das Unterengadin zu meiner zweiten Heimat.«
Und diese seine »zweite Heimat« hat Toni Hiebeler dann auch in einer für ihn bezeichnenden Art und Weise ergründet und erfaßt: mit beispielloser Begeisterung hat er sich in die einschlägige Literatur vertieft, hat sich kritisch umgeschaut in jedem Dorf, ist hinausgezogen mit Notizblock und Kamera, und wenn er nicht genug ergründen konnte, hat er sich bei einem Glas Veltliner mit den Einheimischen zusammengesetzt und diese befragt. Er wußte aber wohl, daß man, um »das Ganze« erfassen und ergründen zu können, es auch selbst erleben muß, oder besser: erleben will. Und hierin war er ein Meister. Als Extrembergsteiger erlebte er in strahlender Sonne die Riesen der Berninagruppe auf über viertausend Metern genauso intensiv wie als Wildwasserfahrer die tiefsten und schattigsten Innschluchten unterhalb Brail und Ardez.
Er war von Land und Leuten sowohl des Ober- als auch des Unterengadins begeistert. Er sagte mir einmal, für ihn sei das Oberengadin mit seiner sonnigen Weite, seinen kristallklaren Seen und seiner prickelnden Luft wie ein Glas Champagner, während das Unterengadin mit seinen markanten Berghängen, seinen tiefen Schluchten und warmen Sonnenterrassen wie ein gut gereifter Veltlinerwein wirke.

Das Oberengadin beginnt geographisch heute am Malojapaß. Südwestlich fällt der Paß äußerst steil in das enge Tal des Bergells hinunter, während er sich nach Norden ohne merkliches Gefälle in die breite Oberengadiner Talsohle mit ihren vier azurblauen Seen fortsetzt. Vor vielen Millionen Jahren zog sich das Engadin jedoch noch etwa zehn Kilometer über seinen heutigen Endpunkt hinaus. Der Inn hatte damals nicht im Lunghisee (2484 m) nordwestlich von Maloja am Fuße des Piz Grevasalvas seinen Ursprung, sondern im obersten Val Maroz an den Nordabhängen des mächtigen Piz Duan. Eiszeiten und Erosion führten dann zu dem heutigen Landschaftsbild. Ein Bild, das zahlreiche Künstler, wie zum Beispiel den Maler Giovanni Segantini inspirierte, und jeden Besucher in seinen Bann zieht.
Es sind nicht die weltberühmten Tummelplätze der Schickeria, allen voran St. Moritz, die das Oberengadin prägen, vielmehr die unfaßbare Helligkeit des Lichts, des klaren Himmels, der sich vereint mit sattgrünen Weiden und schneebezuckerten Bergen in den tiefblauen Seen spiegelt. Eingerahmt wird die ganze Pracht gegen

Süden vom Eckpfeiler des Piz La Margna (3158 m), vom mächtigen, für Bündner Verhältnisse überaus hohen Gneismassiv der Berninagruppe (4049 m) und der sanfteren Languard- und Quattervalsgruppe (3200 m); gegen Norden von der Lagrev-, Piz Ot- und Piz Keschgruppe (3417 m).

Zu Recht wird das Oberengadin auch als »Land der Pässe« bezeichnet. Auf einer Distanz von weniger als dreißig Kilometern durchtrennen nicht weniger als vier Bergpässe die Oberengadiner Gebirgsketten: der bereits erwähnte Malojapaß im Osten, der Berninapaß im Süden, der Julier- und Albulapaß im Norden. Ob das Oberengadin einst über diese Pässe oder vom Unterengadin her, dem natürlichen Flußlauf folgend, besiedelt wurde, sei dahingestellt. Erwiesen ist aber, daß es bereits zur Bronzezeit bewohnt war. Dies bezeugt die dreitausend Jahre alte Quellfassung für Mineralwasser in St. Moritz Bad. Sie wurde 1907 bei Sondierarbeiten an der Mauriziusquelle in sieben Metern Tiefe entdeckt. Neben den zwei mächtigen, ausgehöhlten Lärchenstämmen fand man neben anderen Werkzeugen zwei Bronzeschwerter. Die Eisen und Kohlensäure enthaltende Quelle wird im neu erstellten Heilbadzentrum immer noch mit großem Erfolg gegen viele Leiden genutzt.

Der Maloja- und der Julierpaß wurden bereits zur Römerzeit zu einer wichtigen Nord-Südverbindung zwischen Italien und Deutschland (Augsburg). Die Römer waren es auch, die das alteingesessene keltische Volk der Räter um 15 v. Chr. unterwarfen und so die ersten Ansätze legten zur Entstehung der rätoromanischen Sprache. Dieser Vorgang jährt sich 1985 zum 2000. Mal, und daran mag man ermessen, welch ehrwürdiges Kulturgut diese Sprache darstellt, die einst in weiten Teilen der Ostschweiz, des Vorarlbergs, des heutigen Kantons Graubünden, des Vintschgaus und Norditaliens verbreitet war. Seit der Volksabstimmung von 1938 ist das Rätoromanische vierte Landessprache, im Kanton Graubünden Amtssprache.

Heute wird diese melodische Sprache nur noch von rund 50 000 Menschen (0,9% der gesamtschweizerischen Bevölkerung) gesprochen, und ihre Zukunft ist stark gefährdet. Diese Gefährdung wurde in erster Linie durch den gewaltigen Aufschwung des Tourismus hervorgerufen. Was sich zwischen 1850 und 1950 noch bescheiden anließ, wuchs in den letzten 35 Jahren zu einer riesigen Touristenlawine heran, die nicht nur Positives mit sich bringt. Die überaus schmucken Engadinerdörfer werden zunehmend mit Ferienhäusern aller Art um- und überbaut. Sie haben Mühe, ihre Identität zu bewahren.

Die höchste Adhäsionsbahn und den höchsten Flugplatz Europas – auch diese Superlative hat das Oberengadin. Die kühn angelegte Rhätische Bahn verband 1903 das Oberengadin und 1913 das Unterengadin mit dem internationalen Eisenbahnnetz. 1925 wurde das Auto nach einer kantonalen Abstimmung endgültig auf den Hauptstraßen zugelassen. War der Weg ins Oberengadin früher mit tagelangen und mühsamen Reisen verbunden, so verkürzt er sich in unseren Tagen auf wenige Stunden. Und wer noch schneller reisen möchte, kann in Samedan, dem Verkehrsknotenpunkt des Oberengadin, mit dem Privatflugzeug auf dem höchstgelegenen Flugplatz Europas landen.

St. Moritz ist Bahnendstation des Oberengadins. Von hier aus fährt zum einen die Bahn weiter bis nach Scuol; zum anderen gelangt man mit der Berninabahn über den gleichnamigen Paß ins Puschlav und nach Tirano. Sie führt frei über den höchsten Punkt des Passes (2257 m) und überwindet auf der Südseite ohne Zahnrad ein Gefälle von siebzig Prozent.

Das Unterengadin beginnt politisch kurz oberhalb Brail am Punt Ota Bach, einem nördlichen Seitenbach des Inns. Geographisch aber setzen die enge Brailschlucht und der Brailer Sturz (150 Höhenmeter auf kurzer Strecke) eine eigene Grenze auf. Das Durchschnittsgefälle des Unterengadins ist zwar fast doppelt so hoch wie dasjenige des Oberengadins, was aber für ein Gebirgstal doch eher noch gering ist. Worin sich aber die beiden Talschaften noch auffallender unterscheiden, ist die eigentliche Talform. Der Inn schlängelt sich hier nicht träge durch weite Ebenen. Er tost oft in tiefen und düsteren Schluchten zu Tal.
Da unten trifft man mehr Menschen an, als sich viele Uneingeweihte vorstellen können. Diese Schluchten nämlich sind der Treffpunkt vieler Kajak-Sportler, leidenschaftlicher Wildwasserfahrer aus nah und fern, die sich da unten durch ein wildes Hick-Hack von Schwierigkeitsgraden zwischen IV und VI hinunterzwängen.
Von den sechzehn Dörfern des Unterengadins liegen nur deren sechs auf gleicher Höhe mit dem Inn, die anderen stehen auf Terrassen zwischen hundert und vierhundert Meter darüber. »Fast jedes ist ein kleines Museum«, meinte Toni Hiebeler in einer seiner zahlreichen Veröffentlichungen über das Engadin: Tschlin, die unterste Gemeinde des Engadins, Sent zwischen Scuol und Ramosch mit seinen herrlichen Barockgiebeln (»Senter Giebel«), und natürlich Guarda hoch über Giarsun, sicher das ungewöhnlichste und schönste Dorf des ganzen Engadin, um nur ein paar zu nennen.
In diesen Bergdörfern, die sich an den sonnigen Südhängen des Tales entlangziehen, lebt man größtenteils noch von der Landwirtschaft. Der Fremdenverkehr schlägt hier noch keine allzu großen Wellen, auch wenn sich durch die wenigen Hotels und Gasthöfe ein willkommener Nebenverdienst ergibt. Die eng aneinandergeschmiegten, schmucken Engadinerhäuser mit ihren reichen und oft auch eigenwilligen Sgraffitomalereien bilden geschlossene Gemeinschaften, in denen sich auch Stadtmenschen auf Anhieb geborgen fühlen.
Größere Zentren des Fremdenverkehrs sind einzig Zernez und Scuol. Beide ziehen schon ihrer günstigen Lage wegen als Eingangstore zum Schweizer Nationalpark massenweise die Naturliebhaber an. Der Schweizer Nationalpark wurde 1909 gegründet. Er liegt auf der rechten Talseite zwischen S-chanf und Scuol im Gebiet des Ofenpasses (Übergang zum Münstertal). Das 175 Quadratkilometer große Naturreservat steht auf den Gemeindegebieten von S-chanf, Zernez, Valchava (Münstertal)

Seite 65: Das Schloß Tarasp mit dem gleichnamigen See und der Gemeinde Fontana. Darüber erheben sich die Engadiner Dolomiten mit (von links nach rechts) Piz S-chalambert, Piz Ajüz und Piz Lischana.

Seiten 66/67:
Das Unterengadin gegen Osten. Vorne das Hangdorf Guarda auf seiner großartigen Aussichtsterrasse, in der Bildmitte Ardez, im Hintergrund die Gemeinde Tarasp mit dem gleichnamigen Schloß. Auf der rechten Talseite die Engadiner Dolomiten mit (von links nach rechts) Piz S-chalambert, Piz Ajüz, Piz Lischana, Piz San Jon und Piz Pisoc.

Seite 68:
Herbstliche Oberengadiner Seenlandschaft mit Blick nach Westen. Im Vordergrund der Hahnensee, im Talgrund der Silvaplaner See; die breite Ebene von Sils mit Sils-Maria (links) und Sils-Baselgia (rechts) leitet zum Silser See über. Im Hintergrund Maloja mit den Bergeller Bergen. Links oberhalb von Sils der markante Eckpfeiler des Piz La Margna.

Seite 69:
Der Engadiner Skimarathon zieht jährlich weit über 10 000 Langläufer aus der ganzen Welt an. Die »Riesenschlange« zieht über die tief gefrorenen Seen von Maloja nach St. Moritz bis zum Ziel in Zuoz/S-chanf auch Tausende von Schaulustigen an. Links die stolzen Wände des Piz La Margna.

Seiten 70/71:
Die Fluchthörner von Westen. Vorgelagert Schnapfenspitze und die drei Schnapfenkuchelferner, rechts davon das Gamshorn. Über dem Roßtalferner im Vordergrund das Obere Jamtal mit dem Futschölpaß und Piz Tasna.

Seite 72:
Seehorn-Litznergruppe von Südosten. In der rechten Bildhälfte (von links nach rechts): Groß Litzner, Großes Seehorn; nach links Kleine Seehörner (Bildmitte) und vor der Wolke Seeschyen. Vor dem Groß Litzner der Winterberg mit Mittelgrat; im Vordergrund links das Tälihorn.

Seite 73:
Piz Kesch von Osten. Der Winteranstieg zum Hauptgipfel (rechts) führt über abschüssige Schneebänder und steile Felsstufen rechts oder links des höchsten Punktes.

Seite 74:
Piz Albana (links) und Piz Julier (rechts) von Osten; Seilbahnstationen und Hotels zeigen die Nähe des Kurortes St. Moritz an. Ein Pfad führt auf den Sattel zwischen den beiden Bergen, von dem aus ein ausgesetzter Klettersteig auf den Piz Julier führt.

Seite 75:
Piz Platta (rechts) und Juperhorn (links). In der Bildmitte die Muntognas digls Lajets mit dem geheimnisvoll dunklen Leg Saragn. Im Winter ersteigt man den Gipfel des Piz Platta über die steilen Schneerinnen, die zum höchsten Punkt nach links abfallen und auf eine geneigte Schutterasse münden.

Seiten 76/77:
Der Malojapaß trennt das Oberengadin vom Bergeller Tal. Von Casaccia am oberen Ende des Bergells zieht sich das Val Maroz (Bildmitte) in die Oberhalbsteiner Alpen. Links über der Wolkenbank der einsame Piz Duan.

Seite 78:
Piz d'Esan (links) und Piz Quattervals (rechts) von Südwesten über dem Eingang zum Val Trupchun. Über die Gratschulter unterhalb des Piz d'Esan verläuft die Grenze des Nationalparks. Nur die Besteigung des Piz Quattervals ist auf einem Pfad gestattet, die übrigen Gipfel dürfen nicht bestiegen werden.

Seite 79:
Hier wurde der Grundstein zum Schweizerischen Nationalpark gelegt. Die Gemeinde Zernez verpachtete dem Schweizerischen Naturschutzbund das Val Cluozza, das sich im Bild zum Val Diavel (links) und Val Sassa (rechts) gabelt. Ein Fußweg führt durchs Val Sassa ins Val Trupchun, das Verlassen des Weges ist verboten.

und Scuol. Hier wird alles seiner Ursprünglichkeit überlassen und unseren Nachkommen bewahrt. Und diese Aufgabe wird sehr ernst genommen. So darf etwa von den bezeichneten, im Gelände markierten Wegen nicht abgewichen werden.
Früher nur als Sommerkurort bekannt, ist Scuol seit dreißig Jahren auch Winterkurort und weist das größte Skigebiet des Unterengadins auf. Hier hat Toni Hiebeler 1970 intensiv an der Gründung der ersten Deltaflugschule der Welt mitgewirkt. Und von hier aus ist er auch später noch zu vielen Flügen mit dem Hängegleiter gestartet, die ihn tausend Meter über dem Tal in die leuchtende Engadiner Sonne hinausgetragen haben. Aus gleicher Höhe hat er dann ein Jahrzehnt später dieses Tal nochmals überflogen, diesmal aber nicht mehr als Drachenflieger, sondern im Zusammenhang mit den Aufnahmen zu diesem Buch. – Es war sein letzter Flug über eine Gegend, die er so fest in sein Herz geschlossen hatte.

Balser Biert-Bonorand

Silvretta

Als »Zentralalpenstock der Nordrätischen Alpen« bezeichnen die Geologen dieses Gebirge, das vor vierhundert Jahren als »suvretta« und 1618 auf einer Karte als »Selvretta mons« genannt wird. Über seinen gletschergleißenden Hauptkamm zieht die Staatsgrenze zwischen Österreich und der Schweiz; zudem begegnen sich hier die Grenzen dreier Kulturkreise: des alemannischen Vorarlbergs, des bajuwarischen Tirols und des rätoromanischen Graubündens – auf der 3197 Meter hohen Dreiländerspitze stoßen sie zusammen. Außerdem ist die Silvretta Klimagrenze und europäische Wasserscheide zwischen Rhein und Donau.
Markant auch die von der Natur gesetzten Grenzen: im Westen Rätikon und Plessuralpen, im Osten Samnaun, im Norden das Verwallgebirge, im Südwesten und Süden Albula und Sesvenna. Bedeutende Täler umschließen von allen Seiten die Gruppe: das Montafon in Vorarlberg, das Paznauntal in Tirol, das Prättigau und Unterengadin in der Schweiz – jedes von unverkennbar eigenster Art, jedes international bekannt mit Orten wie Davos, Klosters, Scuol, Ischgl und Gaschurn-Gargellen. Eine Anzahl weiterer Täler stoßen tief ins Innerste der Silvretta: Fimbertal, Larain, Jam, die Vermunttäler, Garnera, Sardasca, Vereina, Val Fles; und weitere aus dem Unterengadin: Val Sinestra, Tasna, Tuoi, Sagliains und Val Lavinuoz (»Tal voll zwingender Schönheit«). Sie alle sind in ihrem Hintergrund vergletschert und bergen großartige Landschaften, auf weiten Wegen gut erreichbar.
Seit 1954 führt die Silvretta-Hochalpenstraße der Vorarlberger Illwerke ins Herz der

---

Seite 80: Piz Fier von Nordosten. Über den Grat verläuft die Grenze zwischen der Schweiz und Italien sowie die des Nationalparks. Er fällt durch seine kühne Gestalt und die rote Farbe des Gesteins auf, die ihm auch den Namen gegeben hat. In dieser wilden Felslandschaft sind Tier- und Pflanzenwelt vor jeder Störung durch Menschen sicher.

Gruppe bis auf zweitausend Meter empor, mitten in ihr touristenreichstes und bekanntestes Gebiet. Die nahe Kopsstraße Galtür-Zeinisjoch erschließt die Nordsilvretta, und im Süden ist die Flüelastraße Idealzubringerin für die unberührten Täler und Gipfel im Bannkreis des Königs Piz Linard (3410 m).
Die Gipfelwelt zählt 235 benannte Gipfel über zweitausend Meter und mehr als siebzig Dreitausender. Ihr hellgraues Silvrettakristallin formt reichgezackte Grate und wilde Türme in großer Zahl, von Gletschern umgeben, die eine Fläche von 5700 Hektar bedecken. So urteilte der Geologe A. Ludwig »daß im ganzen Alpenraum keine zweite Gruppe von dieser Höhe in so idealer Weise einen Reichtum an edlen und schönen Gipfelformen mit bedeutender und prächtiger Vergletscherung verbindet«.
Höchster Silvretta-Gipfel ist der Piz Linard (3410 m), abseits des Hauptkammes, mit mächtigem Dreitausendergefolge auf Schweizer Gebiet. Höchster Berg der Tiroler Silvretta ist das gewaltige Fluchthorn (3399 m) gefolgt vom Piz Buin (3312 m), zugleich höchster Punkt des Landes Vorarlberg. Dutzende weitere tragen stolze und berühmte Namen: Schneeglocke, Krone, Signalhorn, Piz Fliana, Ungeheuerhorn, Verstankla, Urschai, Piz Tasna, Vallüla ...
1886 wurde mit dem Bau einer ersten Unterkunft am Silvrettagletscher der Tourismus eingeleitet, der in jüngerer Zeit den Bau zahlreicher Bergbahnen nach sich zog. Diese erschließen die großen Silvretta-Skigebiete: *Idalpe-Pardatschgrat* über Ischgl (durch eine Skischaukel mit Samnaun verbunden), *Großvermunt* über Partenen und *Silvretta-Nova* über St. Gallenkirch-Gaschurn im Montafon, *Motta-Naluns* über Scuol und *Pischa* bei Davos-Flüela – sie alle für Tausende Inbegriff der Silvretta.
Daneben aber gibt es abseits Dutzende kaum je bestiegene Gipfel, Hochkare mit wunderbaren Bergseen, von Graten umstanden, wo das Steinwild seine Zuflucht hat – einsamste Silvretta mit Stille wie am ersten Schöpfungstag. Vergessen wir nicht: Das Silvretta-Gebiet ist zu 94 Prozent unbewohntes Gebiet, womit es zu den am dünnsten besiedelten Räumen der Ostalpen zählt. Und so ist dieses weite Gebirge *das* Paradies für Wanderfreunde. Der Weitwanderweg Nr. 302 des Alpenvereins durchquert die ganze Gruppe von West nach Ost, von Gargellen bis zur Heidelberger Hütte, immer über 2000 Meter, meist auf einer Höhe von rund 2500 Meter, mit Varianten nach Norden, nach Süden und immer neuen Möglichkeiten.
Gegenstück ganz anderer Art ist der Unterengadiner Panoramaweg; man kennt die Silvretta erst, wenn man die sechzig Kilometer von Lavin nach Vinadi gegangen ist. Toni Hiebeler hat diesen eindrucksvollen Weg in seinem bezaubernden Buch »Allegra« zuerst bekannt gemacht. Hier lebt auch die Erinnerung an ihn weiter, auf tausend Schritten.
Die Geschichte der Silvretta ist voll Romantik. Seit dem 11. Jahrhundert waren die Unterengadiner im Besitz der kostbaren Alpweiden auf österreichischem Herrschaftsgebiet, erst um 1870 konnten die Galtürer sie durch Kauf an sich bringen. Auch die Besiedlung von Galtür geschah vom Engadin her durch die Rätoromanen; nach 1300 wurde sie durch Walliser Bergbauern fortgesetzt, die von den Quellen der

Rhone herübersiedelten in diese herbe Einsamkeit. An der frühen Erschließung der Hochsilvretta hatten dann vor allem Geologen, Topographen und Botaniker großen Anteil. Besonders lebendig blieb die Erinnerung an jenen Pfarrer Zadrell, der um 1700 in seinem Glaubenseifer jeweils am selben Tag in Klosters und in Lavin gepredigt haben soll und dabei auf neunstündigem Marsch den 2752 Meter hohen Vernelapaß überschritt – heute nach ihm Fuorcla Zadrell benannt.
1835 geschah die erste verbürgte Besteigung des Piz Linard durch den Botanikprofessor Oswald Heer. Der berühmte Schweizer Weilenmann bezwang den Piz Buin als erster, nachdem ihm schon 1861 auch die Erstbesteigung des Fluchthorns gelungen war. Unter den frühen Pionieren findet man dann weiter so berühmte Namen wie Purtscheller, Paulcke, Zsigmondy, die Engländer Farrar und Freshfield, Douglas, Wadlener, den Montafoner Musikerpfarrer Battlogg und berühmte Führer, voran die Galtürer Lorenz.
1909 erlebte die Silvretta schon ihre erste Skidurchquerung; 1972 hat Toni Hiebeler eine neue Silvretta-Durchquerung ausgeklügelt, die 145 Kilometer lange Rätia-Skihochroute, und sie als erster befahren. Nach dem Ersten und nach dem Zweiten Weltkrieg tauchen neue Namen auf, schwierigste Besteigungen wurden durchgeführt, etwa die Durchkletterung der Süd- und Ostwand des Buin und im besonderen jene der finsteren Nordwände der höchsten Silvrettagipfel.
Ob man als Bergsteiger kommt, als Wanderer, als Skitourist oder als glücklicher Botaniker – die Silvretta ist ein Gebirge voll Verlockung, das seine Kenner nicht mehr losläßt.

Hermine Flaig

Albula-, Oberhalbstein-, Münstertaler- und Livigno-Alpen

Zwischen den großen Namen der Bündner Berge im Norden – Rätikon und Silvretta – und im Süden – Bernina und Bergell – erscheinen dem Betrachter aus der Vogelperspektive Berge, die zwar nicht sehr bekannt sind, aber mit ihrer schönen Gestalt den Blick des aufmerksamen Beobachters auf sich ziehen. Ihre Besteigungsgeschichte ist nicht spannend, die ersten, die ernsthaft auf den Gipfel wollten, haben ihn auch erreicht, ein Wettrennen gab es hier nicht.
Diese bescheidenen Einzelgänger unter den Bündner Bergen, verstreut in den verschiedensten Tälern, im Albulatal, Oberhalbstein, Avers und Münstertal in die Reihen der Großen einzugliedern, entspricht ihnen nicht, wird ihnen auch gar nicht gerecht. Sie sind wie gemacht, abseits vom Rummel der Bergsteigerei Stille und Einsamkeit zu hüten. Es scheint fast, als hätten sich die Berge versteckt hinter langen Reihen von Vorgipfeln, so daß nicht einmal ihre Höhe beeindruckt. Um so mehr überwältigt den überraschten Besucher die Fernsicht. Nur hundert oder

zweihundert Meter höher ragen sie empor als ihre Nachbarn, aber das genügt, um über diese hinwegzuschauen. Die Rundsicht auf dem Piz Platta, vom Piz Kesch oder Piz Duan ist eigentlich faszinierender als jene von den Großen. Es ist, wie wenn man im Ruderboot tief in den Wellen schaukelt, wobei schon die nächste Welle als wahrer Berg erscheint. Wie ferne Inseln ragen die großen Gebirgsstöcke aus dem fast unübersehbaren Zackenmeer heraus, so kann es vorkommen, daß aus dem Dunst Piemonts die Dufourspitze auftaucht und weit im Osten die Spitzen der Stubaier Alpen sichtbar werden.

Das Gebiet der Albula-Alpen schließt sich mit der Umgrenzung Flüelapaß, Davos, Tiefencastel, Julierpaß und Engadin an die Silvrettagruppe an. Ihren Namen bekam sie von dem in ihrem Zentrum über dem Albulapaß entspringenden gleichnamigen Fluß. Von den etwa sechzig Dreitausendern ist der Piz Kesch (3417 m) der höchste. Dank seiner zentralen Lage bietet er einen ausgezeichneten Rundblick. Abgesehen von dem südöstlichen Teil (Piz d'Err, Piz Kisch, Piz Vadret) sind die Albula-Alpen nur gering vergletschert. Das Landschaftsbild wird durch schöne Arven- und Lärchenwälder bestimmt.

Zwischen dem Oberhalbstein (Tiefencastel-Julierpaß), Thusis, Splügen, Chiavenna und dem Malojapaß erstrecken sich die Oberhalbsteiner Alpen. Ebenfalls wenig vergletschert bilden sie zusammen mit dem Bernina-Gebiet die westlichste Ecke der Ostalpen. Hauptgipfel sind der Piz Platta (3392 m), Piz Lagrev (3164 m), Piz Grevasalvas (2932 m) und Lunghin (2780 m). Der namensgebende Oberhalbstein (romanisch: Surses) ist eine ursprüngliche und kulturell reiche Landschaft.

Auf der rechten Talseite des Engadin, nördlich der Bernina Alpen, erstrecken sich von Samedan bis Zernez die Livigno Alpen, auf deren Hauptkamm die italienisch-schweizerische Grenze verläuft. Der italienische Teil zur Provinz Sondrio wird im Süden durch das Addatal begrenzt. Die Nordseite dieser Gruppe ist zum Teil dem Schweizer Nationalpark zugehörig. Daher ist dort eine ungewöhnlich reichhaltige Tierwelt vorzufinden. Die Livigno Alpen weisen zwar zahlreiche, auch vielbesuchte Aussichtsberge auf wie den Piz Languard (3262 m), den bekannten Skiberg Piz Lagalb (2959 m) oder den Quattervals (3165 m), sie stehen aber immer im Schatten der alpinistisch bedeutenderen Berninagruppe.

Über das Spiltal zum Ofenpaß schließen sich die Münstertaler Alpen an, die das Unterengadin am Finstermünzpaß abschließen. Die dem Unterengadin zugewandte nördliche Seite dieser Gruppe wird als Engadiner Dolomiten bezeichnet, die interessante Kletterziele aufweisen.

Beliebt sind diese Gipfel Graubündens vor allem bei den Frühjahrsskifahrern. Der Piz Kesch wird dann gleich in zwei, oft übervollen Hütten belagert, und der Aufstieg zum Skidepot bereitet nicht mehr allzu viele Mühe. Die letzte, zweihundert Meter hohe Steilflanke zum Gipfel ist hin und wieder über eine feste Stufenleiter im Schnee leicht zu ersteigen, kann aber unter Umständen selbst einem geübten Bergsteiger zu schaffen machen. Seil und Pickel sind jedenfalls erforderlich, profillose Pistenschuhe ganz und gar ungeeignet.

Etwas ruhiger ist es noch am Piz Platta. Stützpunkte fehlen hier, und der lange Aufstieg von Mühlen (1500 m) im Oberhalbstein auf fast 3400 Meter in einem Stück ist denn doch nicht nach jedermanns Geschmack. Auch hier schützt sich der Gipfel mit einem kleinen Hindernis. Ein Couloir, zwar ohne Felsstufen, aber doch für manche beängstigend steil, führt zum breiten Gipfelplateau. Trotzdem hat die Zahl der Touristen hier in den letzten Jahren fast erschreckend zugenommen. Es ist auch ein ganz besonderes Erlebnis, das Auto in Mühlen zurückzulassen und bereits sehr früh, noch in der Dunkelheit, die Skispur durchs Val Faller zu suchen.
Allein ist man oft noch auf dem Piz Duan. Wo soll man den auch angehen? Von Avers über den Bergalgapaß, von dort vierhundert Meter abfahren, bis man zum Gipfel hochsteigen kann, oder vom südlichen Casaccia? Weit, sehr weit sind beide Anstiege und vom Lac da Duana geht es siebenhundert Meter erbarmungslos steil zum Gipfel hinauf. Der Piz Duan behält seine Ruhe weiter, denn wer diesen Aufstieg hinter sich hat, der hat hoffentlich dabei gelernt, still zu werden.
Ob der Name des Piz Julier wirklich etwas mit Julius Caesar zu tun haben könnte, wollen wir hier nicht ergründen; zwei Säulen auf dem Julierpaß sollen jedenfalls römischen Ursprungs sein. Daß die Soldaten der Stiefsöhne des Kaisers Augustus, Tiberius und Drusus, im Jahre 15 vor Christi Geburt hier durchzogen und den Übergang im Herzen der neuen römischen Provinz Rätia für die dauernde Benützung einrichteten, steht außer Zweifel, denn eine Provinz zwischen Salzburg und Genf, zwischen Comersee und Bodensee brauchte die Verbindung über den Julierpaß. Anders als der Piz Platta und der Piz Kesch ist der Piz Julier sogar für Kurgäste aus dem nahen St. Moritz erschlossen. Allerdings nur im Sommer, und es ist ratsam, zuzuwarten, bis der Klettersteig über den Südgrat ganz ausgeapert ist. Dann läßt man sich am besten von der Signalbahn hochtragen, wandert auf einem flachen Weg zur Alp Suvretta und steigt auf gutem Bergpfad in steilen Kehren zum Sattel zwischen Piz Albana und Piz Julier. Stangen, Seile und Haken sichern den Weiterweg über den ausgesetzten Grat, es ist eine wirkliche Bergfahrt, aber ohne Gefahr, sofern man es sich zutraut, einen schmalen Steig ohne Geländer in zum Teil fast senkrechten Felsstufen zu begehen. Man braucht nur etwas Mut, Beweglichkeit und Ausdauer, um diesen scheinbar so abweisenden Berggipfel zu erreichen.
In einer völlig anderen Bergwelt, im Schweizerischen Nationalpark, ragt die eindrucksvolle Pyramide des Piz d'Esan heraus. Sie erscheint aus der Höhe viel weniger elegant als aus dem Tal bei S-chanf. Für Bergsteiger ist diese Gegend allerdings tabu. Das Gebiet zu beiden Seiten der Ofenpaßstraße ist jeglicher menschlichen Nutzung entzogen, damit diese Berge und Täler »dem Menschen zu seinem wirklichen Wohl dienen«. Im Nationalpark »ließe sich auf eine diskrete pädagogische Weise, wie unsere Nationalparkleute sie pflegen, Naturwissen an den gelangweilten Mann bringen. Hier ließe sich ohne Zeigefinger Demut und Moral lehren angesichts der stillen Geschöpfe der Natur. Hier könnte menschliche Hybris wieder lernen, sich einzuordnen in einen Kreislauf, aus dem wir zu unserem leiblichen und seelischen Schaden ausgebrochen sind«. (Horst Stern, 1974)

Wie gut die Errichtung des Nationalparks war, beweist der wachsende Strom der Besucher. Er ist manchmal so mächtig, daß man der Pflanzen- und Tierwelt, die sich ja nicht genau an die Grenzen hält, außerhalb des eigentlichen Parkgebietes geruhsamer begegnen kann, so daß man dort der Natur oft näher kommt als im Park.

Paul Meinherz

Bernina

Die bedeutendsten Erhebungen der Bernina bilden den Alpenhauptkamm zwischen dem Maloja-Paß und dem Bernina-Paß, von dem mehrere Nebenketten abzweigen. Über dem Hauptkamm verläuft zugleich die Grenze zwischen der Schweiz und Italien, über die, vom Muretto-Paß (2562 m) abgesehen, kein einziger leichter Übergang führt. In den Ortschaften ringsumher begegnen sich rätoromanische und italienische Kultur, wobei heutzutage auf der nördlichen Seite der deutsche Einfluß allerdings unübersehbar ist.
Die nördlichste, die Schweizer Seite ist durch Zufahrtsstraßen und touristische Infrastruktur überreichlich erschlossen, man denke nur an Orte wie St. Moritz und Pontresina und an deren großes Netz von in jeder Jahreszeit gut unterhaltenen Wanderwegen. Auch die manchmal überfüllten Hütten sind zwar hervorragend ausgebaut, aber verhältnismäßig tief gelegen, wenn man die meist schon hochgelegenen Ausgangspunkte im Tal betrachtet. Die Diavolezza-Hütte (2973 m) kann man mit der Seilbahn erreichen, wodurch nicht nur ein sehr schönes alpines Skigebiet erschlossen, sondern auch der Anstieg zu den Bergen über Morteratsch- und Pers-Gletscher ungemein erleichtert wird.
Auf der südlichen, italienischen Seite sind die Verhältnisse grundlegend anders. Die Straßen sind bei weitem nicht so ausgebaut, und die zu Fuß zu überwindenden Höhenunterschiede können gewaltig sein. Die beste Zufahrt führt von Sondrio (297 m), der Provinzhauptstadt im Veltlin, durch das Val Malenco.
Geographisch bilden die Berge der Berninagruppe die westliche Begrenzung der Ostalpen. Der Piz Bernina (4049 m) ist damit der höchste Berg der Ostalpen, auch deren einziger Viertausender, nachdem emsige Vermessungstechniker die Höhe des benachbarten Piz Zupò von 4001 m auf 3996 m korrigiert und dadurch den Viertausendersammlern eine kleine Enttäuschung gebracht haben.
Landschaftlich und bergsteigerisch weist die Berninagruppe aber bereits einen ausgeprägt westalpinen Charakter auf. Besonders die Schweizer Nordhänge sind reich vergletschert. Nach den Walliser- und Berner-Alpen ist die Berninagruppe das größte vergletscherte Gebiet der Schweiz. Gegen Süden werden die Gletscher kleiner und weisen nicht mehr die gewaltigen Eisabbrüche der Nordseite auf; beachtenswert sind dort die steil abbrechenden, felsigen Südwände.
Von Norden her ziehen bis an den Fuß der Berge relativ breite Täler hinein.

Besonders das Val di Fex, das von Sils-Maria zum Tremoggia-Paß reicht, und das Val Roseg, das von Pontresina den Hauptkamm zwischen Piz Glüschaint und Piz Bernina erreicht, bieten auch im unteren Teil, der heute frei von Gletschern ist, prachtvolle Wanderungen, sei es zu Fuß, sei es im Winter mit Ski. Auf der Südseite trennt der Passo Confinale die Berge der eigentlichen Berninagruppe von den untergeordneten Ketten der Pizzo Scalino Gruppe, die zwischen Val Poschiavo und Val Malenco hinunter bis zum Veltliner Talboden reichen, und bergsteigerisch weniger bedeutend sind. Im zentralen Teil der Berninagruppe reichen mehrere Gipfel über 3800 Meter, von denen das Dreigestirn Roseg–Scerscen–Bernina und der Piz Palü wohl am bekanntesten sind. Die Hauptkette zieht dann vom Piz Palü über Piz Cambrena gegen Nordosten zum Berninapaß, und bildet die Wasserscheide zwischen der Adria und dem Schwarzen Meer.
Die Berge sind aus verschiedenen Gesteinsarten von unterschiedlichem geologischem Alter gebildet. Obwohl es im Herzen der Gruppe auch Aufschlüsse des schönen, »alten« Berninagranites gibt, wird sich ein »Nur-Kletterer« kaum diesen Bergen zuwenden. Sie bleiben ein Reich der Wanderer bis zu den Hütten und ein Reich der Eisgeher weiter oben, wie es schon im vorigen Jahrhundert war. 1850 wurde der Gipfel des Piz Bernina mit einem kombinierten Anstieg über Fels und Eis des Ostgrates von J. Goaz sowie J. und L. Ragut Tscharner erreicht. Fast alle Bergfahrten, die heute als klassisch gelten und immer noch in der Tourenliste der Bergsteiger Respekt einflößen, wurden noch vor der Jahrhundertwende eröffnet, als man weder über unsere moderne Super-Eisausrüstung, noch auch nur über ganz normale Steigeisen verfügte.
Die Zusammenarbeit zwischen begeisterten Städtern, wie Paul Güssfeldt und Ludwig Norman-Neruda, und einheimischen Bergführern, wie Christian Klucker und Alexander Burgener, die zu den Besten und Wagemutigsten der damaligen Zeit gehörten, führte zur Verwirklichung großer bergsteigerischer Vorhaben, die teilweise ihrer Epoche weit voraus waren. Erwähnt seien nur 1868 die Überschreitung des Piz Palü, 1877 die »Eisnase« am Piz Scerscen, 1878 der gesamte »Biancograt« mit dem felsigen Verbindungsgrat (IV+) zwischen Piz Alv und Piz Bernina, 1887 der zentrale »Bumiller-Pfeiler« am Piz Palü, 1890 die Nordostwand des Piz Roseg, 1899 der linke (östliche) und der rechte (westliche) Nordwandpfeiler des Piz Palü. Es sind die heute meistbegangenen, großen, klassischen Bergfahrten des Gebietes. Zu ihnen gesellt sich die gesamte Gratüberschreitung Roseg–Scerscen–Bernina, von der einst André Roch behauptete, sie wäre »zu lang, um klassisch zu werden«. Später wurden natürlich noch viele andere Routen eröffnet, etwa 1930 in der Bernina-Westwand (T. Graham Brown, A. Zürcher, A. Graven, J. Knubel), 1931 im gefährlichen und von Hängegletschern durchsetzten Couloir zwischen Ost- und Zentralpfeiler des Piz Palü (O. Feutl und W. Dobiasch), 1958 die Direkte in der Nordostwand des Piz Roseg (K. Diemberger, K. Schöntaler). Auch durch die gefährliche Nordostwand des Piz Bernina wurden einige Führen gelegt, von deren Wiederholung jedoch normalerweise abzuraten ist.

Viele der Pioniere der Berninagruppe waren diesen Bergen besonders zugetan, aber oft auch anderswo erfolgreich. Paul Güssfeldt ist der Erstbegeher des Péuterey-Grates am Montblanc, Graham Brown der Erstbegeher des Brenva-Dreigestirns (Major, Sentinelle Rouge, Poire) am Montblanc, Norma-Neruda der Erstbegeher der Lyskamm-Nordwand, Zürcher der Erstbegeher der Piz Badile Nord-Kante ... und die damals schon berühmten Führer wie Klucker, Burgener und Knubel sind aus der Geschichte des Bergsteigens gar nicht wegzudenken.
An dieser Stelle muß besonders Christian Klucker (1853–1926) hervorgehoben werden, der aus dem Val d'Avers stammte und sich im Fextal niederließ. Es war einer der größten Bergführer seiner Zeit, außergewöhnlich intelligent und ideenreich, bis ins hohe Alter aktiv; mit 74 machte er seine letzte Erstbegehung! Er liebte Tiere und Blumen, war nie Jäger wie so viele seiner Kollegen. Ihm ist auch die systematische Erforschung der bergsteigerischen Möglichkeiten im Bergell zu verdanken. Seine alpinistischen Glanzstücke waren die Erstbegehung des Péuterey-Grates mit Güssfeldt und Rey und in der Bernina die Erstbegehung der Nordostwand des Piz Roseg.
Selbstverständlich gibt es neben den beliebten und daher oft überlaufenen Routen eine Vielzahl weniger bekannter Möglichkeiten, bergsteigerische Genüsse zu erleben; doch sind mehrere dem Stein- und Eisschlag ziemlich ausgesetzt und erfordern gute Kenntnisse der Verhältnisse.
Im Frühling und im Frühsommer ist die Auswahl an lohnenswerten hochalpinen Skitouren besonders groß, und die Diavolezza-Seilbahn ermöglicht manche Anstiege, auch wenn man nur einen Tag zur Verfügung hat. Ebenso bieten die südlichen Abhänge schöne und lange Skiabfahrten. Von den Überschreitungen ist jene vom Rosegtal über den Sella-Gletscher und die Fuorcla de la Sella (3269 m) zur italienischen Marinellihütte besonders empfehlenswert.
Aber auch der westliche Teil der Berninagruppe, in den Umrahmungen des Fex- und des Fedoztales, hat einige interessante, weniger besuchte Ziele für Skibergsteiger aufzuweisen: Piz Fora (3363 m), Piz da la Margna (3158 m), Piz Tremoggia (3441 m) und Chapütsch (2929 m).
Was bieten die Südseiten der Berninagruppe noch außer Skitouren? Sehr viel! An schönen Wanderungen fehlt es nicht, denn die Hütten sind durch einige interessante Wege verbunden, und dazu kann man noch über den Passo Confinale (2628 m) oder den Passo Canciano (2464 m) bis in das Val Poschiavo absteigen. Auch leichtere und mittelschwierige Fahrten können bequem von Süden aus unternommen werden, so die Besteigung des Piz Bernina von der Marco e Rosa-Hütte aus. Lohnend sind auch die Nordostwand der Cresta Agüzza (3869 m), sowie die Süd- und Südwestwände derselben. Der Piz d'Argient (3945 m) bietet Genußkletterei auf dem schwierigen SSO-Grat, der zu den schönsten Touren von der Marinellihütte aus gehört. Einige

Seite 89: Piz Palü Nordwand mit ihren drei berühmten Pfeilern: Der linke ist der leichteste, der mittlere (»Bumillerpfeiler«) der bekannteste und schwierigste, der rechte der am wenigsten begangene Pfeiler.

Seiten 90/91:
Der mit tückischen Wächten gezierte Gipfelgrat des Piz Palü. Hier hat man einen prachtvollen Ausblick nach Südosten; im Hintergrund die Ortler-Cevedale-Gruppe, ganz links der Ortler selbst; im Vordergrund die fast unbekannten Berge zwischen Berninapaß und Veltlin: in der Mitte Cima di Piazze, davor der Corno di Dosdè, rechts die Cima Lago Spalmo und die Cima Viola.

Seite 92:
Piz Scercen von Nordwesten. Der fast horizontale Gipfelgrat wirkt wie eine dem Piz Bernina vorgelagerte Schulter; in halber Bildhöhe, am linken Ende des Serakabbruches, die sogenannte »Eisnase«, über die eine Spur zum Gipfel führt.

Seite 93:
Eisnase am Piz Scercen. Schon 1879 wurde sie von Paul Güssfeld erstmals erstiegen. Auch heute ist sie weder einfach noch ungefährlich und gehört zu den klassischen Eispassagen der Berninagruppe. Deutlich erkennt man die Spuren im Firn.

Seiten 94/95:
Aussicht über den Nordgrat des Piz Morteratsch nach Osten gegen den Vadret Pers. In der Bildmitte der Piz d'Arlas und Piz Cambrena (rechts). Eine ausgetretene Spur auf dem Gletscher zeigt den Übergang zwischen der Diavolezza-Hütte und der Felseninsel Isla Persa, von der man zur Boval-Hütte über den Morteratsch-Gletscher queren kann.

Seite 96:
Erstes Morgenlicht in der Bernina-Gruppe (von links nach rechts): Piz Glüschaint, von Piz Roseg und Piz Bernina überragt, die Cresta Agüzza, der Piz Zupò und der Piz D'Argient.

Seite 97:
Piz Roseg von Norden. Fein gezogen führt eine Spur im Firn über den Grat zum Gipfel. Links die wuchtige Nordostwand, die einige schwierige Routen aufweist.

Seiten 98/99:
Die Nordostabstürze des Piz Bernina. Am nördlichen Vorgipfel (auch Piz Alv) endet der berühmte Biancograt, dessen luftige Eis- und Firnschneide als »Himmelsgrat« bezeichnet wird.

Seite 100:
Seilschaften am Biancograt des Piz Bernina. Zu Modetouren werden stets nur die elegantesten unter den Graten, und der Biancograt zählt nun einmal zu den schönsten der Alpen.

Seite 101:
Die Cima di Cantone mit ihrer eleganten, 300 m hohen Nordwand. Durch den linken Teil führt die 1912 von Godet und Rütter eröffnete mittelschwierige Route (50° bis 55°), eine schöne Eingehtour. Am besten macht man sie im Frühsommer und nimmt im Rucksack Ski mit; so ergibt sich noch eine prachtvolle Abfahrt bis zur Albigna-Hütte.

Seite 102:
Allein ist man bei der schönen Kletterei an der Nordkante des Piz Badile wohl nie. Aber warum soll man sich nicht auch mal auf eine Begegnung am Berg freuen?

Seite 103:
Der formschöne, gewaltige Piz Badile mit seiner 900 m hohen Nordostwand und der Nordkante (rechts). Durch die Nordostwand ziehen weltberühmte Routen; in der Wandmitte die von Ricardo Cassin 1937 eröffnete Führe. Damals war die Wand eines der großen Probleme der Alpen. Die einzigartige Linie der Nordkante ist eine der bekanntesten Routen der Alpen.

Seiten 104/105:
Der Monte Disgrazia bietet mit seiner vergletscherten Nordwand einige lohnende Anstiege. Rechts die Cima di Vazzeda, die Cima di Rosso, der als Skiziel beliebte Monte Sissone und die Pizzi Torrone. Vor der Cima di Rosso steht der Monte Rosso und im Vordergrund der leicht zu ersteigende Aussichtsberg über dem Murettopaß, der Monte del Forno.

Seite 106:
Die Nordwand der Cima di Rosso. Gleichzeitig gehende Seilschaften zeugen von der Beliebtheit der Tour. Gut, daß die Seilschaften neben- und nicht hintereinander steigen: sicher ist sicher, und Platz ist in dieser schönen und breiten Wand genug vorhanden.

Seite 107:
Cima di Rosso. Die Nordwand auf der linken Seite des Spornes ist eine mittelschwere, klassisch gewordene Eistour, bereits 1930 von Amstutz und Bonacossa erstbegangen. Rechts des Spornes verläuft eine etwas schwierigere Route.

Hauptstraße im Veltlin bei Ardenno abzweigende Nebenstraße, die nach San Martino (923 m) und Bagni del Màsino (1172 m) hinaufführt, schnell erreicht.
Eine Sonderstellung nimmt das wilde, fast asiatisch anmutende Val Codera ein. Von Novate Mezzola (212 m) in der Ebene von Chiavenna zieht es sich bis zur Punta S. Anna (3171 m) neben dem Piz Badile hinauf. Keine Fahrstraße, nur Fußwege mit unendlichen Treppenstiegen verbinden Novate Mezzola mit dem noch ganzjährig bewohnten Dorf Codera (825 m) und der Brasca-Hütte. Das Tal ist fünfzehn Kilometer lang: es sind fünfzehn Kilometer in einer anderen Welt.
Nördlich und südlich des von Osten nach Westen gerichteten Grenzkammes sind großartige Gebirgstäler eingeschnitten – die auf der Schweizer Seite bestimmt bekannter, vielleicht großartiger und mehr vergletschert, jene auf der italienischen Seite eher abgeschiedener, mühsamer erreichbar und manchmal auch ohne Stützpunkte. Doch normalerweise liegt in jedem Nebental auf beiden Seiten entweder eine Hütte oder eine Biwakschachtel. Die Hütten sind auch für Wanderer problemlos zu erreichen und stellen Stützpunkte für außerordentlich schöne Höhenspaziergänge dar.
Zwar sind die Übergänge des Grenzkammes landschaftlich noch lohnender, aber sie sind meist nur erfahrenen Berggehern vorbehalten, die ein gutes Orientierungsvermögen haben und auch eine geeignete Ausrüstung für Gletscherüberschreitungen mit sich führen. Der Übergang des Passo di Bondo (3169 m), gerne auch von Piz Badile-Bergsteigern für die Rückkehr in die Schweiz benützt, ist mit den trügerischen Spalten des Bondasca-Gletschers schon manchem zum Verhängnis geworden.
Obwohl es in der Gruppe auch einige interessante Eistouren gibt, die sich großer Beliebtheit erfreuen, besonders in den Nordwänden der Cima di Cantone und der Cima di Rosso, wird die Mehrzahl der Bergsteiger doch eher von den kühnen, gigantischen Felskathedralen angezogen. Plattenfluchten, von Rissen und Verschneidungen durchzogen, manchmal spiegelglatt, manchmal mit winzigen Schuppen, oft aber auch mit herzerfreuenden Griffen, laden förmlich zum Klettern ein. Sie bieten gerade für die heutige sportliche Freikletterei die besten Möglichkeiten.
Aber nicht nur Bergsteiger hat die einzigartige Schönheit dieser Berge angezogen. Erwähnt seien nur der berühmte Maler Segantini und seine Gemälde der Sciora-Gruppe, die im Osten das Val Bondasca umrahmt und vom Bergeller Dorf Soglio besonders reizvoll zu bewundern ist.
Die Ersten, die als Eroberer dieser Berge anreisten, waren in der zweiten Hälfte des vorigen Jahrhunderts wie so oft auch anderswo, die Engländer. Sie bedienten sich einheimischer Führer, ohne deren Erfahrung die Besteigungen oftmals nicht gelungen wären. 1864 wurde der Gipfel des Monte Sissone, heute ein beliebtes Ski-Ziel, erreicht; 1866 folgten die Besteigungen des Céngalo und der Cima di Castello; 1867 wurden die Cima di Rosso und der Piz Badile erobert.
Der Piz Badile (3308 m) ist der bekannteste und vielleicht auch der schönste Gipfel des Bergells. Schon vom Talgrund bei Promontogno kann man ihn hoch oben im romantischen Bondasca-Seitental thronend erblicken; auch vom Maloja-Paß ist

seine außergewöhnliche Silhouette für jedermann sofort erkenntlich. Badile bedeutet auf italienisch Schaufel, und gerade von Nordosten gesehen macht er mit einer neunhundert Meter hohen und tausend Meter breiten Plattenwand seinem Namen durchaus Ehre.
Die Nordostwand des Piz Badile gehört zu den großen, sehr schwierigen Unternehmungen in den Alpen. Sie wurde nach mehrmaligen Versuchen 1937 von Riccardo Cassin (der ein Jahr später dann als erster auch den Walkerpfeiler an den Grandes Jorasses im Montblanc-Massiv bestieg), G. Esposito, V. Ratti, M. Molteni und G. Valsecchi erstmals begangen. Molteni und Valsecchi fanden beim Abstieg infolge eines Wettersturzes und aus Erschöpfung den Tod.
Auf Grund der geographischen Bedingungen kommen Wetterstürze übrigens im Bergell sehr häufig vor: Die Dreitausender erheben sich in der Nähe des zweihundert Meter tief gelegenen Comer-Sees und ziehen die Gewitterwolken regelrecht an. Die erste Wiederholung der Route gelang erst 1948, und 1952 verblüffte Hermann Buhl mit seinem Alleingang die gesamte Bergsteigerwelt. Vieles hat sich inzwischen geändert, und die Route hat Hunderte von Wiederholungen, doch sie bleibt ein ernstes, nie zu unterschätzendes Unternehmen auch in der heutigen Zeit.
Ist die Badile-Nordostwand ein beliebtes Ziel für Extreme, die sich auch noch an anderen schwierigen Führen in der Wand erfreuen können, so ist die leichtere Nord-Kante eine international bekannte Genußkletterei. Sie wurde von W. Risch und A. Zürcher 1923 zum ersten Mal begangen. Heute weist sie bestimmt Tausende von Begehungen auf. Die noch in den fünfziger Jahren bestehende kleine, dürftige, aber heimelige Alphütte von Sass Furà hat inzwischen einer richtigen Hütte Platz machen müssen. Vom Kletter-Dorado zum Kletter-Zirkus kann der Schritt klein sein, und das heutige Wettrennen zum Einstieg, um ja als erste Seilschaft aufzusteigen, ist auch nicht jedermanns Sache. Aber wenn mich auch Massenandrang am Berg stört, darf ich eigentlich gerade bei der Badile-Kante nichts dagegen sagen, habe ich doch den späteren Seilgefährten meiner Eheseilschaft auf dieser Kante zum ersten Mal getroffen.
Das Bergell bietet übrigens so viele lohnende Möglichkeiten, daß man von überfüllten Moderouten sehr leicht Abstand halten kann. Dabei bieten sich beispielsweise die schon klassisch gewordenen Routen der dreißiger Jahre an, unter denen von den Schwierigen auf jeden Fall der Nordwestpfeiler des Piz Céngalo (F. Gaiser und B. Lehmann, 1937), die »Bügeleisenkante« der Pizzi Gemelli (H. Frei und J. Weiss, 1935) und die Nordwestkante der Sciora di Fuori (W. Weippert und K. Simon, 1933) zu erwähnen sind. Wer sich etwas weniger Schwieriges aussuchen möchte, kann sich an die Südwand des Ago di Sciora wagen, die 1893 von Christian Klucker mit Emile Rey und deren russischem »Kunden« A. Rydzwesky erobert wurde.
Man tut den Bergen in den anderen Seitentälern bestimmt Unrecht, wenn man nur die Touren im Bondascakessel hervorhebt. Denn auch im Albigna-Tal gibt es eine große Anzahl von lohnenden Führen in jedem Schwierigkeitsgrad, und dazu ist der Anstieg zur Hütte durch die Staudamm-Seilbahn wesentlich erleichtert. Das weiter

östlich parallel verlaufende Fornotal bietet neben leichteren Klettereien einige Eistouren und mehrere hochalpine Skitouren. Übergehen sollte man auch die Berge nicht, die südlich, auf italienischem Gebiet, ins Veltlin auslaufen. Hier gibt es nämlich schöne, großzügige Klettereien, nicht nur auf den Gipfeln des Grenzkammes, wie der Süd-Grat des Céngalo (A. Vinci, P. Bernasconi und P. Riva, 1939), der dem Nordwestpfeiler mindestens ebenbürtig und dazu noch steinschlagsicher ist, sondern noch viele andere verlockende Wände und Grate: Punta Allievi, Punta Ferrario, Picco Luigi Amedeo, Ligoncio ... Rummel ist dort selten, dafür sorgen die langen Anstiege.
Nur unten im Tal ist jetzt öfters etwas los, denn im Val di Mello, einem Seitental des Val Màsino, wurden in den letzten Jahren in den Wänden direkt über dem Talboden viele neue Routen eröffnet. Obwohl sie nicht auf »richtigen« Gipfeln enden, handelt es sich um großartige, anspruchsvolle Klettereien mit bis zu fünfhundert Metern Höhenunterschied. Sie sind ein Begriff in der heutigen Sportkletterei geworden. Und manchmal hat man doch nichts dagegen, wenn sich der Einstieg unweit des Autos befindet ...

Silvia Metzeltin Buscaini

Lepontinische Alpen

Hoch über Chiavenna mit seinen Weingärten an den sonnigen Hängen zieht ein wilder Bergkamm von Norden nach Süden. Er bildet hier die Grenze zwischen Italien und der Schweiz, zwischen dem Val Chiavenna der Provinz Sondrio und dem Val Mesolcina des Kantons Graubünden. Über diese Grenze gab es jahrzehntelang einen regen Schmuggelverkehr: Von der Schweiz nach Italien wurden Zigaretten und Kaffee gebracht, in gegenseitiger Richtung Reis und Alkohol. Seit einiger Zeit ist dieser harte und gefährliche Nebenverdienst der Italiener fast verschwunden – und mit ihm viele Bergpfade. Nur an manchen hohen Übergängen, zweitausend Meter über dem Talboden gelegen, erinnern herumliegende Streifen aus Sacktuch, mit denen sich die Schmuggler die Schuhe umwickelten, um geräuschlos an den Grenzwächtern vorbeizukommen, noch an diese Zeiten.
So sind diese Berge noch einsamer geworden als zuvor, trotz einer gewissen Neubelebung der Almwirtschaft. Selten kommen Bergsteiger zu Besuch, obwohl sie dort oben prachtvolle Aussicht, Wege durch wildromantische Schluchten, verträumte Alphütten finden können. Doch mühselig und wenig markiert sind oft die Wege. Keine bekannte Berggestalt stellt eine besondere Herausforderung dar, denn Blockhalden, Gras- und Firnhänge leiten zu den meisten Gipfeln.
Diese Berge gehören zu den Lepontinischen Alpen und sind typische Vertreter dieses eigentlich wenig bekannten Alpenabschnittes, der vom Simplon- bis zum Splügen-Paß reicht. Sozusagen im Herzen der Lepontinischen Alpen befinden sich

die gesamten Berge des Kantons Tessin, die so bis zu den Insubrischen Seen nach Süden herunterziehen.
Mehrere Spitzen gehen über die Dreitausendergrenze hinaus, doch ist die Vergletscherung ziemlich zurückgegangen. In einigen Gebieten wie im Val Formazza, im Val Bedretto und im Val di Blenio gibt es recht lohnende Ziele für Skibergsteiger. Einige interessante Klettermöglichkeiten kann man im Val Bedretto in der Pizzo Rotondo-Kette und im Val Verzasca am Poncione d'Alnasca ausfindig machen.
Mit den heutigen großen Durchgangsstraßen, dem Gotthard-Alpentunnel und immer besser ausgebauten Bergstraßen kommt man leicht zu den Ausgangsorten. Auch eine gewisse Anzahl von Hütten, zum großen Teil für Selbstversorger, steht zur Verfügung. So sind diese Berge vor allem dem Wanderer mit alpiner Erfahrung zu empfehlen und dem Bergsteiger, dem schöne Aussicht und ungewöhnlich wilde Natur mehr bedeuten als klingende Namen. Die meisten Bergsteiger wissen ohnehin nicht, wo Berge wie die Punta d'Arbola (3235 m), das Hohsandhorn (3182 m), das Blinnenhorn (3373 m), der Basòdino (3273 m) und der Cristallina (2911 m) liegen – von den vielen anderen Bergen ganz zu schweigen.
Vielleicht hat sich mancher Kajak-Begeisterte schon im Val Verzasca umgesehen, wo der flaschengrüne bis smaragdfarbige Fluß von ganz wilden Wänden umrahmt wird. Aber wenn jemand behaupten sollte, in den Alpen gäbe es keine stillen Plätze mehr, dann wäre es für ihn an der Zeit, einmal die Lepontinischen Alpen zu besuchen. Ich habe auf diesen Bergen meiner Kindheit den Umgang mit der einsamen Natur lieben gelernt und habe manch unwegsame Spitze nur der schönen Aussicht wegen bestiegen. Und ich kann es versichern: Auch heute sind die Aussicht und die Abgeschiedenheit fast überall erhalten geblieben.

Silvia Metzeltin Buscaini

Zillertaler Alpen

Das wohl bekannteste Tal in Tirol, wenn nicht von ganz Österreich, ist das breiteste, fruchtbarste und längste Seitental des Inntales, nämlich das Zillertal. Mit einer Länge von 30 km ab der Mündung in das Inntal verläuft es bis Mayrhofen in ziemlich genauer Nord-Süd-Richtung. Von Mayrhofen ab entfalten sich seine Quelltäler oder »Gründe« wie man im Zillertal dafür sagt, fächerförmig gegen Westen (Tuxertal), Süden (Zemmgrund-Stillup) und Osten (Zillergrund, Gerlos). Das Zillertal wird umschlossen vom Zillertaler Hauptkamm und den Tuxer Voralpen. Das ist jener Teil der Ostalpen, der sich von der Brennerfurche zum tiefen Einschnitt des Krimmler Tauern auf einer Strecke von fünfzig Kilometern von Ost nach West erstreckt. Verkehrsmäßig wurde das Zillertal im Jahre 1902 erschlossen, als die bekannte Zillertalbahn, eine Schmalspurbahn (Privatbahn) in Betrieb genommen wurde.
Als zu Anfang des vorigen Jahrhunderts das Bedürfnis erwachte, die Bergwelt zu

erleben und deren Gipfel zu besteigen, zählte auch das Zillertal zu den besonderen Anziehungspunkten. Zu den ersten Pionieren zählte der berühmte Alpenreisende Belsazar Hacquet, der über Krimml und Gerlos ins Zillertal kam und den Großen Greiner (3199 m) zu ersteigen versuchte. Ihm folgte, ebenso mit vergeblichen Versuchen, der Genieoffizier Dr. Gebhard, der spätere Ortlerbezwinger. Erstmals erfolgreich in den Zillertalern war dann Peter Thurwieser aus Salzburg; zusammen mit zwei Geistlichen aus dem Zillertal und dem Lehrer von Brandberg erstieg er 1840 unter Führung eines barfüßigen Senners die Ahornspitze (2976 m) bei Mayrhofen, 1847 folgte die Erstbesteigung des Großen Mörchner (3283 m) und des Schrammacher (3411 m).

Das Interesse für die Bergwelt wuchs von Jahr zu Jahr. Es setzte ein förmlicher Sturm ein auf die berühmtesten Gipfel. An diesen alpinistischen Großtaten waren auch eine Anzahl von Zillertaler Führern und Bergsteigern beteiligt. Der berühmte Reichsgeologe M. V. Lipold erstieg 1843 den Großen Löffler (3376 m), Dr. A. von Rüthner 1846 den Schwarzenstein (3368 m).

In den sechziger Jahren tauchten die Engländer auf. Tuckett, Freshfield und Fox bezwingen 1865 mit ihren Führern den Großen Möseler (3478 m), 1872 gelingt ihnen die Erstbesteigung des Turnerkamp (3418 m).

Einer der bedeutendsten Bergführer in der ersten Epoche der Erschließungsgeschichte der Zillertaler Berge war Georg Samer. 1828 in Finkenberg geboren, begann er schon als Bub auf der Alm im Floitental die Berge zu erforschen. Ein Zufallsfund von Amethysten und die Begegnung mit einem Geologen brachten ihm den Namen »Steinklauber Josele« ein und waren ausschlaggebend für die Zukunft als Bergsteiger. Bei vielen großen Unternehmungen war er dabei. So bei der Erstbesteigung des höchsten Gipfels der Zillertaler Alpen, des Hochfeilers (3510 m), zusammen mit Paul Grohmann; 1867 bei der Besteigung des Olperer (3480 m) ebenfalls mit Grohmann und 1873 beim Großen Greiner (3199 m) mit den Brüdern Zöpritz. 1867 stand Dr. Berreiter aus Innsbruck als erster auf den gefrorenen Wandspitzen (3286 m) und Hans Weber aus München 1875 auf dem Riffler (3228 m). Nur der Feldkopf (3084 m) trotzte, bis ihn 1879 die Brüder Zsigmondy aus Wien bezwangen, weswegen der Feldkopf auch Zsigmondy-Spitze genannt wird.

Die praktische Erschließung, besonders der Hütten- und Wegebau, wurde durch den Alpenverein schon vor hundert Jahren begonnen. Bereits 1879 baute die Sektion Berlin im Zemmgrund die Berliner Hütte, und andere Sektionen folgten. Die ganze Kette der Zillertaler-Alpen wurde mit Stützpunkten für die Bergsteiger versehen. In den Folgejahren erlebte das Bergführerwesen seinen Höhepunkt. Auf der Berliner Hütte z. B. waren bis zu dreißig Bergführer stationiert. Eine sogenannte »Bergführerbank«, von der sich die Touristen für die jeweilige Tour einen passenden Führer aussuchten, stammt noch aus dieser Blütezeit der Bergführer.

Namen wie Hans und Alfons Hörhager, Johann Kirchler, Eberl, Fankhauser, Großgasteiger und Franz Steindl (der übrigens mehr als tausendmal auf dem Feldkopf-Zsigmondy-Spitze stand), um nur einige zu nennen, führen in die Gegenwart. In den letzten zwanzig Jahren haben im Zillertal Peter Habeler und Luggi Rieser, beide aus Mayrhofen, Alpingeschichte gemacht. Letzterem ist in den Zillertaler Bergen eine Superleistung geglückt: Zusammen mit Pauli Koller aus Kufstein gelang Luggi Rieser am 6. 11. 1982 die Erstbesteigung der Lärmstange (Ostwand) im Hintertuxer Gletschergebiet, einer der anspruchsvollsten Routen der Ostalpen. 8,5 Stunden benötigten die beiden jungen Kletterer für die »Irrfahrt der Jugend«, wie sie diese Route durch brüchiges Gestein bei gleichzeitiger Kletterei im VII. Schwierigkeitsgrad getauft haben. Diese größtenteils überhängende, gelbe Ostwand hat sogar berühmte Bergsteiger wie Hermann Buhl und Peter Habeler abgewiesen. Wie ein Regenbogen spannt sich nun die Entwicklung im Alpinismus zwischen der Erstbesteigung der Ahornspitze durch Peter Thurwieser im Jahre 1840 und der Erstbesteigung der Lärmstange 1982 durch Rieser und Koller. Die Zillertaler Alpen werden immer ein Juwel der Ostalpen sein zur Freude der vielen Bergsteiger und Bergwanderer, die jedes Jahr dorthin kommen. Der Zillertaler nennt sein Tal gern das »schönste und aktivste Tal der Welt«. Nun, über die Beurteilung möge sich jeder selbst sein Urteil bilden bei einem Besuch im Zillertal.

Wilfried Rieser

Venedigergruppe

Würde man einen Bergfreund dazu auffordern, spontan die zehn bekanntesten Gipfel der Alpen aufzuzählen, so wäre wohl der Großvenediger (3674 m) heißer Favorit für eine Nennung. Ganz sicher aber würde er genannt, beschränkte man sich auf den Alpenraum östlich der Schweizer Grenze: Denn in diesem Raum ist der Großvenediger fast allgegenwärtig, ja von vielen Aussichtsgipfeln deutlicher auszumachen als der noch bekanntere Tauerngipfel des Großglockner. Schon der einstige Name des Großvenedigers, unter dem er 1533 erstmals in einer der Mittersiller Grenzbeschreibungen genannt wird, spricht seine überragende topographische Stellung an: Als »Käser-Kogl« nämlich tauchte er darin auf, also als der Keeserkogel, der über allen Gletschern – Keesen – seiner Umgebung dominiert. (Heute trägt ein auch alpinistisch weniger bedeutender Gipfel nordwestlich des Großvenediger den Namen »Keeskogel«.)
Der geographischen Stellung des Großvenediger entspricht seine alpinhistorische Bedeutung: Neben der Erstbesteigung des Großglockner gehört die Geschichte der ersten Venedigerbesteigung zu den meistgeschilderten Bergsteigertaten des 19. Jahrhunderts in den Ostalpen. Schon auf den Fehlversuch von 1828 trifft dies zu: 17 Mann, darunter der alpinbegeisterte Erzherzog Johann persönlich, mußten nur 120 Meter unter dem Gipfel wegen akuter Lawinengefahr umkehren. Und sie hatten dabei Glück im Unglück, denn eine doch noch abgehende Neuschneelawine riß den Anführer Rohregger mit sich in die Tiefe – und ließ ihn wie durch ein Wunder

überleben. Das Scheitern dieses Versuchs kann aus heutiger Sicht nicht verwundern: Ausgerechnet über eine der heikelsten Routen, die Nordwestwand, war der Großvenediger angegangen worden, und erst 1891 gelang es Eugen Guido Lammer, diese Route zu bewältigen. Die erfolgreichen Erstbesteiger von 1841, darunter wieder Rohregger, haben den Nordanstieg (heutiger Normalweg) gewählt.

Und heute? Ohne Zweifel ist der Großvenediger zu einem der meistbesuchten Modegipfel der Alpen geworden. Mehr noch: Vergleicht man seine Besucherzahlen mit der aller anderen Gipfel in der Venedigergruppe, so könnte man fast auf den Gedanken verfallen, nur der Großvenediger wäre in dieser Gebirgsgruppe ein bedeutender Berg, alle anderen Erhebungen aber lediglich Trabanten.

Allerdings besteht die Venedigergruppe beileibe nicht nur aus dem Großvenediger und einigen Trabanten wie Kleinvenediger, Rainerhorn, Schwarzer Wand und Hohem Zaun. Im Gegenteil – die Venedigergruppe ist eine ausgesprochen große Gebirgsgruppe innerhalb der Hohen Tauern und auch der Ostalpen. Am ehesten wissen noch Skibergsteiger um diesen Umstand: Denn zu ihren Modezielen kann man inzwischen die Essen-Rostocker-Hütte zählen, wenngleich dieser Begriff hier eine ganz andere Qualität besitzt als beim Großvenediger. Großer Geiger, Simony-, Gubach- und Malhamspitzen: Das sind Traumziele für jeden Skibergsteiger, lohnende Ziele aber auch im Sommer!

Nur wenig weiter im Westen erhebt sich ein Berg, dessen geographische Bedeutung sogar die des höchsten Großvenedigers bei weitem in den Schatten stellt: Die 3499 Meter hohe Dreiherrenspitze. Wer einmal die Alpen von Nord nach Süd oder umgekehrt durchquert hat, wird dieser auf den ersten Blick etwas kühn erscheinenden Feststellung schnell zustimmen. Denn an der Dreiherrenspitze treffen sich die Hauptwasserscheiden von Donau, Drau und den Flüssen des Alpeninnenbogens – in diesem Fall der Etsch.

Wer nun glaubt, mit dem bisher Gesagten sei die Venedigergruppe räumlich umfassend beschrieben, der täuscht sich. Denn geographisch gesehen fängt die Venedigergruppe erst westlich der Dreiherrenspitze an, interessant zu werden. Vom Felbertauern im Osten bis zur Dreiherrenspitze im Westen war die bisher behandelte Venedigergruppe recht einfach gebaut: Ein im großen und ganzen in Ost-West-Richtung-verlaufender, stark vergletscherter Hauptkamm, von dem etliche Seitenkämme nach Norden gegen den Oberpinzgau und nach Süden gegen das Virgental ausgingen. Lediglich die Eichhamgruppe im Südosten, hochaufragend über Matrei und Virgen in Osttirol, zeigt einen komplizierteren Aufbau, ist fast ein Gebirge für sich. An der Dreiherrenspitze ist es jedoch endgültig mit dem einfachen Gebirgsbau vorbei, und statt dessen beginnt die Venedigergruppe vielfältig und damit kompliziert zu werden – zunächst mit einem Kuriosum: Abrupt fällt der den Alpenhauptkamm tragende Nordwestgrat der Dreiherrenspitze auf unbedeutende 2600 Meter Höhe ab, und für die nächsten zwanzig Kilometer, in den östlichsten Zillertaler Alpen, verliert der Alpenhauptkamm gänzlich seinen Kettencharakter. Erst ab der Wollbachspitze kann man wieder von einem echten Alpenhauptkamm sprechen.

Der Südwestkamm der Dreiherrenspitze setzt dagegen ganz andere, westalpine Akzente – und unterscheidet sich damit entschieden vom teilweise fast mittelgebirgsähnlichen Relief der Venediger-»Gletscherkrone« –: Mit einer kompakten Mauer leitet er hinüber zum Roßhufkamm mit dessen wilden Hängegletschern, die östlich des Brenner nur im Griesferner und im Hochferner, also im Pfitschtal, ein entsprechendes Gegenstück finden. Als nächster bedeutender Berg folgt die Rötspitze, stolze 3495 Meter hoch und von manchen Seiten aus gesehen durchaus einer der formschönsten Gipfel der Ostalpen.
An der Rötspitze teilt sich die Venedigergruppe endgültig: zum einen in den Prettau-Durreck-Kamm, zum anderen in den Panargen-Lasörling-Kamm. Gegen Westen zieht der Prettaukamm, später – nachdem er das Ahrntal nicht mehr vom Defereggental, sondern vom Reintal scheidet – bezeichnet als Durreckkamm. Bemerkenswert ist die Lage des Durreckkamms zur Gänze in Südtirol; der vielbegangene Mostnock, in manchen Karten auch – und falsch – als Moosstock erscheinend, ragt bereits hoch über dem Talbecken von Sand in Taufers auf. Welchem Bergsteiger ist aber schon diese Tatsache vertraut, daß man aus einer typischen Südtiroler Bergbauernlandschaft mit gutem Einblick in die westlichen Dolomiten auf einen Gipfel der – Venedigergruppe steigen kann! Und auch der wohl berühmteste Bergbauernhof Südtirols mit dem schönen, keineswegs übertriebenem Namen »Kofler zwischen den Wänden« liegt ausgerechnet in der Venedigergruppe!
Zur Rötspitze zurückgekehrt müssen wir noch den Panargen-Lasörling-Kamm gegen Süden und später gegen Osten verfolgen: Nach einem letzten noch einmal 3400 Meter hohen Gipfel, der entlegenen Daberspitze, fällt die Gipfelhöhe allmählich über einige zwischen 3000 und 3200 Meter hohe Erhebungen auf 2700 Meter ab; der Endpunkt des Lasörlingkammes, der 2771 Meter hohe Große Zunig, liegt – Kuriosum am Rande – ebenso wie der östliche Hauptkammbeginn wieder unmittelbar oberhalb der Felbertauernstraße. Als Folge davon liegt das Virgental vollständig in der Venedigergruppe zwischen Großvenediger- und Eichhammassiv im Norden und Lasörlinggruppe im Süden.
Damit scheint die Venedigergruppe vollständig vorgestellt, wären da nicht noch die Rieserfernergipfel, Hochgall und Schneebiger Nock. Nun zeigt ein Blick auf die Karte, daß die Rieserfernergruppe großräumig betrachtet ebenso ein Anhängsel der Venedigergruppe im Südwesten darstellt wie der zuvor schon genannte Prettau-Durreck-Kamm. Ein »Anhängsel«? Wer den Hochgall jemals bestiegen oder auch nur gesehen hat, wird sich gegen diese Bezeichnung energisch sträuben. Die logische Konsequenz war die »touristische Aufwertung« der Rieserfernergruppe, so daß sie heute neben der Venedigergruppe als eigenständige Gebirgsgruppe steht, und mit fragwürdigen Argumenten war es bis vor nicht allzu langer Zeit sogar noch üblich gewesen, den Durreckkamm der Rieserfernergruppe zuzuschlagen, um dieser mehr Gewicht zu verleihen.
Bergsteiger und Wanderer mögen solche Überlegungen eher kalt lassen; sie dürfte bei einem ersten Besuch in der Rieserfernergruppe mehr überraschen, wie wenig das

Seiten 122/123:
Aufstieg zum Monte Cevedale auf der Normalroute von der Casatihütte aus. Im Hintergrund (von links nach rechts) Angelus mit dem Laaserferner und die Schöntauf-, Schild-, Peder- und Butzenspitzen.

Seite 124:
Die Nordwand der Königspitze, die im Gipfelbereich von der riesigen »Schaumrolle« abgeschlossen wird. Links der Ostnordostgrat, rechts der Suldengrat.

Seite 125:
Königsspitze von Nordosten. Die Nordwand zählt zu den klassischen schwierigen Eisanstiegen in den Alpen; sie wird daher häufig begangen. Der nach vorne abfallende Ostnordostgrat wird praktisch nie begangen, obwohl er bei Firnlage eine reizvolle Anstiegsmöglichkeit bietet. Rechts des Grates die ebenfalls selten begangene Nordostwand. Vom Gipfel nach links abfallend der Südostrücken, über den der Normalanstieg verläuft.

Seiten 126/127:
Ortler (rechts) und Königsspitze (links) von Norden. Auf dem geneigten Gipfelplateau des Ortlermassivs breitet sich der Obere Ortlerferner aus. Links der Gipfelfallinie fällt die riesige Steilrinne der Ortler-Nordwand ab, gegen den Betrachter die Nordflanke, über die der Normalanstieg von der Payer-Hütte führt.

Seite 128:
Aufstieg auf der Ortler-Normalroute. Die Bergsteiger befinden sich am Tschierfeck im oberen Teil der Eisrinne, unter dem Lombardi-Biwak. Im Hintergrund die Plattenspitze und dahinter das Hasenöhrl (Marteller Berge).

Seite 129:
Großer Möseler von Nordwesten. Die mächtige firnverkleidete Felskuppe ist der zweithöchste Gipfel der Zillertaler Alpen, vom Furtschagelhaus in 4 bis 5 Stunden erreichbar (II). Lohnend für Eisgeher das berühmte Firndreieck. In der Mitte hinten das kühne Felstrapez des Turnerkamp, einer der formschönsten Gipfel der ganzen Gruppe.

Seiten 130/131:
Großer Löffler von Nordwesten. Die riesige, dreigratige Pyramide erhebt sich über dem Floitenkees, aus dem sich der nach Norden ziehende Floitengrat erhebt. Von der Greizerhütte im Floitental in 3–4 Stunden erreichbar. Rechts hinten der herrliche Gipfel des Hochgall in der Rieserfernergruppe. Ganz rechts der Wildgall.

Seiten 132/133:
Der Großvenediger von Nordwesten. Direkt dem Betrachter zugewandt die Nordwestwand, die bereits 1828 von Erzherzog Johann versucht und 1891 von Eugen Guido Lammer erstmals durchstiegen wurde. Davor das Obersulzbachkees, links der Nordgrat mit Torwächter und die Nordostwand. Weiter links der Nordostkamm in die Venedigerscharte und weiter zum Kleinvenediger. Im Hintergrund links der Wildkogel.

Seiten 134/135:
Hintere Stangenspitze mit vorgelagerter Firnkuppe (links) und Wollbachspitze (rechts) von Nordwesten. Nach vorne fallen die »Furer Köpfe« ab. Zwischen den beiden Gipfeln das Stangenjoch mit dem östlichen Stillupkees. Im Hintergrund Rieserfernergruppe mit (von links nach rechts): Lenkstein, Fennered, Hochgall, Wildgall (direkt hinter Wollbachspitze), Magerstein und Schneebiger Nock.

Seite 136:
Fußstein von Nordwesten: Eine schroffe Felspyramide über dem Olpererferner und dem Unterschrammachkees, mit eindrucksvollem Gipfel. Dahinter der Hochfeiler (links) der höchste Gipfel der Zillertaler Alpen und der Hochferner (rechts). Die Hochfeiler Nordwand (Eiswand), eine berüchtigte Eistour, ist eine der schönsten Bergfahrten der Ostalpen.

Seite 137:
Großglockner (links) mit Pasterze von Nordosten. Vom Gipfel fällt nach vorne, Licht und Schatten scharf trennend, der Nordostgrat ab. Links davon die Pallavicinirinne, rechts die Berglerrinne. Rechts vom Gipfel die beiden schwarzen Zacken von Glocknerhorn und Teufelshorn, über die der Nordwestgrat in die untere Glocknerscharte abfällt; von hier biegt sich weiter rechts die siebentürmige Glocknerwand auf. Die Überschreitung Glocknerwand – Glocknernordwestgrat zählt zu den anspruchsvollen und schönsten Grattouren der Zentralalpen.

wagte er mit den berühmten Führern Groder und Kerer den Abstieg von der Adlersruhe über die noch unbegangene Gletscherflanke zur Pasterze hinab – dort angekommen, war die Seilschaft fast enttäuscht, so ohne Schwierigkeiten durchgekommen zu sein, wo man sich sechzig Jahre lang durch den bloßen Anblick hatte abschrecken lassen.

Abschreckung – und zugleich Lockung – das vermittelt jene Eisrinne, die aus dem Inneren Glockner in einer Flucht zur Oberen Glocknerscharte zieht. 1876 erscheint in Heiligenblut ein Mann, der von dieser Aufstiegsmöglichkeit fasziniert ist: der achtundzwanzigjährige Markgraf Alfred Pallavicini. Der ausgezeichnete Alpinist gilt als einer der stärksten Männer Wiens und ist ein vielseitiger Sportsmann. Am 18. August um sechs Uhr morgens bricht er mit seinen Führern Tribusser, Bauerle und Kramser, alle aus Heiligenblut, vom Glocknerhaus auf. Nach zweieinhalb Stunden erreichen sie das Innere Glocknerkar, winden ihre Spur durch das Spaltensystem, dann zieht über ihnen die in dieser Jahreszeit von schwärzlichem Eis erfüllte Rinne empor, bis zu 55 Grad steil, 600 Meter hoch. Das bedeutet eine ungeheure Leistung im Stufenschlagen (brauchbare Steigeisen gab es ja noch nicht). 2500 Stufen werden es, und alle hackt der starke Tribusser Hans allein! Auf dem Gipfel, – um fünf Uhr nachmittags, meint er: »Lang hätt' ich's nimmer dermacht!«

Durch Jahrzehnte hielt sich die Legende, daß die Rinne zu eng sei, um einen Wechsel der Führung zu gestatten. In Wahrheit bestand man damals in Heiligenblut darauf, daß jeder Glocknerbesteiger drei Führer engagieren mußte, und daß eben einzig Tribusser jener überragende Mann war, der sich Führung und Verantwortung eines solchen Unternehmens zutrauen konnte. Erst 23 Jahre später wurde dieser kühne Anstieg durch Viktor Pillwax mit zwei Kalser Führern wiederholt, und weitere 24 Jahre später, am 6. Juli 1924, vollbrachte der Wiener Alfred Horeschowskz die dritte Begehung – im Alleingang.

Heute vollführen an schönen Doppelfeiertagen zahlreiche Seilschaften förmliche Wettrennen zum Einstieg, um dem durch die Vorankletternden verursachten Eisschlag zu entgehen; nicht einmal besonders schnelle Begehungen werden mehr registriert, und schließlich wurde die Rinne schon mehrmals mit Ski befahren. Die

---

Seite 138: Der rassige Pfeiler des Glockner-Nordostgrates trennt Pallavicinirinne (links) und Berglerrinne (rechts). Die im Schatten liegende Nordwand bietet die gewaltigsten kombinierten Anstiege der Glockner-Gruppe. Ganz links ist der oberste Teil des Normalanstiegs mit dem verfirnten Glocknerleitl; der felsige Kleinglockner (links) ist vom Großglockner durch die schmale obere Glocknerscharte getrennt.

Seite 139: Gipfel des Großglockners. Hinter den Gipfeln der Schobergruppe verschwimmen im Süden die Berge der Karnischen Alpen und der östlichsten Dolomiten. Bei klarem Wetter reicht die Gipfelschicht im Westen bis zur Ortler- und Adamello-Gruppe, im Norden über alle Bergketten bis zum Böhmerwald und im Osten bis ins Gesäuse.

Seite 140: Die Pallavicinirinne am Großglockner. Die 1876 erstmals begangene Eisrinne hatte nach einem halben Jahrhundert erst drei Begehungen zu verzeichnen, dann galt sie jahrzehntelang als Maßstab alpinistischen Könnens. Mittlerweile ist sie zu einer beliebten Modetour geworden. Die Steilheit ist dennoch gleich geblieben: durchschnittlich 50, stellenweise 55 Grad.

anderen Nordanstiege des Großglockners, obwohl größtenteils schwieriger und abwechslungsreicher als Nordostgrat, Szalaz-Pfeiler, Nordostrippe oder Nordwand, haben es nie zu einer solchen Popularität gebracht.
Die Berühmtheit des Großglockners sowie die verlockende Möglichkeit, seinen Gipfel über einen vergleichsweise einfachen Anstieg zu erreichen, übt natürlich eine magische Anziehung auch auf wenig erfahrene Alpinisten aus. Wer heute an einem schönen Sommertag auf den Gipfel steigt, kann binnen kürzester Zeit alle bergsteigerischen Todsünden in vielfacher Kombination erleben. Man kann nur staunen, daß das Gedenkbuch am Heiligenbluter Friedhof für die Opfer des Großglockner nicht mindestens den doppelten Umfang aufweist.
Knapp zehn Kilometer Luftlinie entfernt, am Mooserboden im Norden der Glocknergruppe, läßt sich genau das Gegenteil beobachten: Wieder und wieder geübte Handgriffe, Bewegungsabläufe und Verrichtungen werden unmerklich zur Routine, bis nach einigen Tagen aus zaghaften Anfängern verblüffend sichere Berggeher geworden sind. Seit zwei Jahrzehnten wird hier in der Hochgebirgsschule Glocknergruppe unter der Leitung von Fritz Moravec das alpine ABC gelehrt. Vor allem der Ausbildung von Jugendlichen wird unter dem griffigen Titel »Kinderseilschaft« starke Aufmerksamkeit gewidmet. Toni Hiebeler, der hier zu Gast war, begeisterte diese Möglichkeit, bereits im Kindesalter bergsteigerisches Können zu erlernen und somit den Grundstein für die spätere alpine Sicherheit zu legen. Die Alpin-Eleven lauschten gespannt und entzückt, als er bei Kerzenschein und Hüttenromantik von seinen bergsteigerischen Jugendtorheiten erzählte. Tags darauf halfen sie in einem einfachen Versuch mit, den Wert einer auch nur halbwegs soliden Ausbildung zu untermauern: Schon mittels einer simplen und heute etwas zu Unrecht belächelten Alpenstange ließ sich die Gewandtheit und Sicherheit der angehenden Gipfelstürmer erheblich steigern – ein unkonventioneller Brückenschlag zurück zu den Wurzeln des Alpinismus.
Über dem Mooserboden erhebt sich ein von Gletscherbrüchen durchzogener, von Firnkämmen gekrönter Gebirgswall: der Fusch-Kapruner Kamm, der zweite landschaftliche Höhepunkt der Glocknergruppe. Hier steht das Wiesbachhorn (3564 m), ein vielbesuchter Modeberg, für den Normalverbraucher auf dem relativ einfachen Kaindlgrat, für den Eisgeher über die rassige Nordwestwand erzwingbar. Diese Steilflanke ist ebenfalls historischer Boden – oder besser: historisches Eis. Hier verwendete 1924 der Münchner Willo Welzenbach erstmals eigens angefertigte Eishaken als Sicherungsmittel und leistete damit einen wesentlichen Beitrag zur Entwicklung des modernen Eisbergsteigens.
Wem das Wiesbachhorn zu belebt ist, der findet nur wenig abseits Bergeinsamkeit in Hülle und Fülle. Etwa auf dem Hochturm (3368 m), dessen tausend Meter hohe Nordflanke die höchste Firnflanke der Glocknergruppe darstellt, oder auf dem großen Übergang vom Heinrich Schwaiger-Haus zur Oberwalderhütte, über zwei Gipfel, vier Scharten und vier Gletscher, ständig über der Dreitausendermarke – fast westalpin in seinen Ausmaßen. Selbst alpine Rummelplätze wie die Franz-Josefs-

Höhe am Ende der Glocknerstraße oder das Kitzsteinhorn können zeitweise noch etwas von dieser ursprünglichen Stimmung vermitteln; man muß sich nur den richtigen Zeitpunkt aussuchen.
Das Eis der Pasterze – im Vergleich zu den unermeßlichen Zeitabschnitten in der Entwicklung der alpinen Geologie hebt und senkt es sich in schnellem Rhythmus wie ein atmendes Wesen. Es gibt Beweise, daß im 16. und 17. Jahrhundert die Gletscher nur ihre heutigen Nährbecken füllten. Die Sage von Weidegründen auf der Pasterze wird durch erneut ausapernde Fundstellen alter Bergbaueinrichtungen historisch fundiert. In der Periode des letzten großen Gletschervorstoßes, der um 1850 seinen Höhepunkt erreichte, wölbte sich die Gletscherzunge bis dicht unter Hofmannshütte und Franz-Josefs-Hütte.
Das Eis fließt mit einer durchschnittlichen Geschwindigkeit von 35 Metern pro Jahr – an den Rändern langsamer, in der Mitte schneller. Eine Schneeflocke, die heute beim Riffeltor, am Beginn der Pasterze fällt, wird erst nach über 250 Jahren das Ende der Gletscherzunge erreichen. Was wird die Menschen dann bewegen? Werden sie der Alpen überdrüssig sein wie ein Kind, das sein malträtiertes Spielzeug in die Ecke wirft?

Adolf Mokrejs

Ortler-Alpen

Ein Blick auf die Landkarte verdeutlicht, daß die Ortler-Alpen das Kernstück der Ostalpen sind. Klare, natürliche Grenzen umgeben dieses gewaltige, vergletscherte Bergmassiv. Im Norden grenzt der Vinschgau von den Ötztaler- und Münstertaler-Alpen ab; die Etsch und das Untere Ultental bilden im Osten die Umrandung; Tonalepaß, Val Camonica und Val Corteno trennen die Ortler-Alpen von dem Gebirge des Adamello, der Presanella und den Bergamasker-Alpen, und im Westen bilden die Adda und das Brauliotal die Grenze zu den Bernina- und Livigno-Alpen. Zentrum des Gebirges ist der Monte Cevedale, von dem sich strahlenförmig in vier Armen die Hauptkämme dieses Gebirgsstocks ausdehnen.
Ein Rundblick von den Gipfeln dieser Hochregion vermittelt den Eindruck eines eigenständigen Gebirges innerhalb des Ortlergebiets, dessen Ausdehnung durch die zahlreichen Gletscher und Dreitausender bestimmt wird. Rund 150 Gipfel ragen über dreitausend Meter auf, davon haben fünfzehn eine Höhe zwischen 3600 und 3900 Metern. Hier erheben sich als ostalpines Dreigestirn die Königsspitze (3859 m), Monte Cebrù (3740 m) und »König Ortler«, (3905 m), der in den Ostalpen nur noch vom Piz Bernina überragt wird.
Bereits 1704 verkündet der Atlas Tyrolensis, daß der Ortler »der höchste Gipfel im ganzen Tirol« sei. Es mußte jedoch noch ein ganzes Jahrhundert vergehen, ehe die ersten Neugierigen, Waghalsigen und Wissensdurstigen in jene Regionen vordringen wollten, die bisher den Steinböcken und Adlern gehört hatten. Zwar waren schon in

früheren Zeiten einige Routen über Pässe bekannt. Zum Beispiel kamen über den Gaviapaß die Waren aus Venedig über Bormio in das Münstertal und weiter nach Deutschland. Diese Durchzugswege dienten jedoch der Wirtschaft und nicht dem Alpinismus. Keiner würde sich ohne Not in die Regionen des ewigen Eises begeben haben, obwohl diese unangetasteten Gipfel lange schon bekannt waren. Heute stellt diese Region ein Paradies für Eisgeher, Kletterer, Skifahrer und Skialpinisten dar.
Von den sieben Hauptzugängen in die Ortler-Alpen ist Sulden das berühmteste, jedoch keineswegs größte Tal, das sich aus dem Vinschgau unterhalb von Glurns emporzieht. Sulden am Ostfuß des Ortlers ist heute ein bestens erschlossener Sommer- und Wintersportort. Lange vor der Entdeckung durch den Fremdenverkehr nannte man Sulden die »Tirolische Tartarey« – irgendwo hinter den Bergen, wo Bären und Wölfe mit den Bauern friedlich zusammenlebten. Nicht zufällig heißt der vom Ortler nach Osten herabziehende Gletscher »End'-der-Welt-Ferner«. Nur wenige Familien fristeten dort als Bauern oder Hirten ein karges Dasein. Von den beiden Ortler-Höfen erhielt die über Sulden aufragende mächtige Pyramide aus Fels und Eis vermutlich ihren Namen.
Aus dem Suldenferner erhebt sich die majestätische Pyramide der Königsspitze, mit 3859 Metern der zweithöchste Gipfel des Gebiets. Nach Norden bricht der Berg in eine sechshundert Meter hohe, vollständig geschlossene Eiswand ab, die erst im Sommer 1930 von den Münchnern Hans Ertl und Hans Brem bezwungen wurde. Ihr Bericht liest sich folgendermaßen: »Um drei Uhr liegt bereits der Suldenferner hinter uns, und wir steigen sofort in die Wand ein, mit der der Mitschergrat nach Norden abbricht... überall liegen frisch abgebrochene Eisblöcke herum und über unseren Köpfen hängen ganz bedenklich riesige Türme... Um zwei Uhr nachmittags steh ich endlich direkt unter dem mächtigen Eisüberhang des Gipfels... furchtbar tobt jetzt der Sturm und peitscht ganze Hagelladungen vor sich her... Unendlich langsam geht es vorwärts. Vierzehn Stunden sind wir bereits unterwegs. Endlos ist die Wand und ganz ungewöhnlich die Eisbeschaffenheit... endlich wird die Wand flacher, und im Eis festgebackene Steine bezeugen, daß der Grat nicht mehr fern ist... Nach ununterbrochenem Dauerlauf stehen wir um sieben Uhr abends wieder beim Zeltlager. Vor siebzehn Stunden haben wir es verlassen.«
Die erste moderne Eiskletterei auf dem Ortlergebiet war damit gelungen. Anziehungspunkt für alpinistische Glanzleistungen war die zu den prachtvollsten Bergen der gesamten Alpen zählende Königsspitze jedoch bereits wesentlich früher:
Am 24. August 1854 tauchte ein zwanzigjähriger Theologiestudent aus Bayern auf, Stefan Steinberger. Er war Seminarist, und obwohl ihm seine Eltern und die Vorgesetzten im Seminar jede alpinistische Tätigkeit verboten hatten, konnte er den hohen Gipfeln der Alpen nicht widerstehen. Ausgerüstet mit Bergstock und Steigei-

---

Seite 145: Cima-Presanella-Nordwand über dem zerklüfteten gleichnamigen Gletscher. In der Wandmitte der Zentralpfeiler, über den die klassische Route (IV) führt. Links und rechts davon verlaufen die Eisanstiege. Links der Nordostgrat (III).

Seiten 146/147:
Südlicher Teil der Adamello-Gruppe von Nordosten mit Carè Alto (links) und Crozzon di Láres (rechts). Dazwischen in der Mitte des Grates der M. Foletto und seine Felszacken, rechts davon der Corno di Carento. Unterhalb des Carè Alto der Niscligletscher; unterhalb des Crozzon di Láres links des Ostgrates der Laresgletscher, rechts davon der Folgoridegletscher.

Seiten 148/149:
Wilder, einsamer Grenzkamm zwischen Val Chiavenna und Val Mesolchina von Osten. Im Tal liegt Chiavenna mit seinen Weinbergen. Links der Pizzo di Cressin, rechts in der Mitte die Pyramide des Pizzo della Forcola. Im Hintergrund die Walliser Alpen vom Monte Rosa nach rechts über die Mischabel-Kette und den Simplon-Paß bis zum Monte Leone.

Seite 150:
Südwestlich von Bozen über der eigentlichen Etschfurche liegen die Fluren des »Überetsch« und hier St. Pauls; steile Waldhänge ziehen sich von den Weingütern hinauf zum Mendelkamm mit dem Gantkofel.

Seite 151:
Kaltern mit dem Kalterer See. Der Ort liegt inmitten riesiger Rebanlagen, durch die die Südtiroler Weinstraße verläuft. In diesem Gebiet wächst der bekannte »Kalterer«, ein milder Rotwein mit leichtem Mandelgeschmack.

sen ist er vom Stilfserjoch in der Nacht zwischen dem 23. und 24. August losgezogen. Er überquerte den Ebenferner und zog über das Madatschjoch und Zebrùferner zum Colle delle Pale Rosse. Von hier aus überquerte er die Randspalte und erreichte den Gipfel der Königsspitze über die steile Südwest-Flanke. Es ist aber nicht ausgeschlossen, daß seine Anstiegsroute über die Südostseite, den heutigen Normalweg, verlief. Nach insgesamt achtzehn Stunden kehrte er nach Santa Maria zurück. Ein Grenzer fragt ihn: »Sind Sie vielleicht der halbverrückte Professor aus Meran?«, und er antwortete: »Nein, ich bin nur ein ganz einfaches Studentlein aus Bayern. Meine Visitenkarte habe ich heute auf der Königsspitze abgeben.«
Daraufhin meinte der Posten, »Pazzo – Pazzo – also doch verrückt.«
Ob er den Gipfel allerdings tatsächlich erreichte, ist heute noch umstritten.
Nach dieser Besteigung verzeichnete man im Ortlergebiet eine kleine Ruhepause. Es wurden Erkundungsaufträge an das Militär erteilt, wobei diese Arbeiten nur militärischen Zwecken dienten und der Öffentlichkeit nicht zugänglich gemacht wurden.
Im Anschluß daran bricht die fruchtbare Zeit für den Alpinismus an. Es wird ein großes Gebiet vom Stilfserjoch ausgehend bis zu den Dolomiten erforscht. Es kommen die Engländer Freshfield, Buxton, Fox und Brown mit ihren bekannten Bergführern Biener, Andermatten, Dévouassoud und Michel. Schirmherr ist Francis Fox Tuckett. 1864 eröffnen er und seine Gefährten den italienischen Weg zur Königsspitze; kurz danach erreichten sie über die Hohe Eisrinne den Gipfel des Ortler – heute der Normalweg. Zusammen mit Edmund von Mojsisovics leistete Tuckett unermüdliche Erschließungsarbeit in der Ortlerregion.
Auf diesem Gebiet machte sich gleichzeitig ein weiterer herausragender Mann mit wissenschaftlicher Akribie einen Namen, nämlich Julius Payer. Nach zweijähriger Arbeit veröffentlichte er 1867 die »Original-Karte des Sulden-Gebietes« (Maßstab: 1:48000). Diese Karte war die beste, die von diesem Gebiet erschien. Mehr als fünfzig Gipfel hatte Payer in der Ortlergruppe bestiegen, wovon 22 größere Erstbesteigungen waren. Payers geographische Arbeiten sind auch heute noch äußerst wertvoll, obwohl sie später durch neue Forschungen ergänzt werden mußten. In Sulden erinnert eine Gedenktafel von 1892 an seine Pionierleistung.
Auch nach dieser großen Zeit der Erschließung gab es zahlreiche bemerkenswerte Unternehmungen. 1869 überschritten der Schwabe Theodor Harpprecht und sein Führer Josef Schnell die Südwestkante des Großen Eiskögele und führten die Erstbesteigung des Thurwieser über den Ostgrat durch. 1873 gelang Harpprecht mit Peter Dangl ein sehr gefährlicher Anstieg am Ortler, die Harpprechtrinne.
Knapp zehn Jahre später begann eine neue Epoche. Die Brüder Emil und Richard Zsigmondy durchstiegen erstmals ohne Bergführer die Südwestwand des Thurwiesers. Bis dahin hatte es als unverantwortlich, ja unmöglich gegolten, auf einen

---

Seite 152: Bozen. Hier fließen die Etsch (links) und der Eisack (rechts) zusammen. Am Horizont ist deutlich das breite Schlernmassiv erkennbar, weiter rechts die Spitzen der Rosengartengruppe und am rechten oberen Bildrand die Marmolada.

Bergführer zu verzichten. In der Folgezeit setzte ein wahrer Ansturm auf das Ortlergebiet an. Pinggera, Preuss, Christomannos, Pirovano, Soldà und Taddei machten sich dabei um die Jahrhundertwende und später einen Namen.
Als eines der »letzten großen Probleme der Alpen« galt in den dreißiger Jahren die Nordwand des Ortlers. Nach einem Versuch von Merkl und Welzenbach, Pfingsten 1931, lösten Hans Ertl und Franz Schmitt am 22. Juni desselben Jahres dieses Problem. Siebzehn Stunden benötigten sie für die zu den größten und gefährlichsten in den Alpen zählende Eistour – unter Berücksichtigung der damals völlig unzureichenden Ausrüstungsmöglichkeiten eine gigantische Leistung. 48 Jahre später, am 10. Juni 1979, gelang Martin Brutscher und Kurt Jeschke über diese Wand die erste Skiabfahrt. Damit findet die lange und oft dramatische Geschichte der Ortler-Alpen ihren vorläufigen Abschluß.
Die dramatischsten Seiten dieser Geschichte wurden allerdings nicht von Forschern und Alpinisten geschrieben, sondern von den Soldaten des Ersten Weltkrieges. An der »höchst gelegenen Kampffront der Weltgeschichte« wurde hart gerungen. Der Ortler bis zum Thurwieser gehörte zur österreichischen Seite; die Südseite der Königsspitze, des Cevedale und das übrige südliche Gebiet war von den Italienern besetzt. In den Tunnels des Ortlereises, im Bauche der Gletscher und in den Eiswänden wurden Leistungen erbracht, die die Erstbesteigungen weit in den Schatten stellten. Die meisten Todesopfer waren jedoch nicht durch Feindeinwirkung, sondern durch alpine Unglücksfälle zu beklagen.

Joseph Hurton

Adamello-Presanella-Gruppe

Südlich der Ortlergruppe schließt sich die Adamello-Presanella-Gruppe an. Die Tonalepaßstraße, die die italienischen Städte Sondrio und Bozen miteinander verbindet, bildet die Trennungslinie.
Obwohl ihre höchsten Gipfel, Cima Presanella (3556 m) und Monte Adamello (3554 m) sicherlich weniger bekannt sind, stellen einige Wandabbrüche an der Cima Presanella oder Cima Vermiglio doch ein würdiges Gegenstück zur Ortlergruppe dar. Das Adamello-Presanella-Gebiet stellt darüber hinaus das südlichste vergletscherte Hochgebirge der Ostalpen mit immerhin rund zwanzig Gletschern dar.
Der nordöstliche Eckpunkt ist die Ortschaft Dimarò. Hier wird jeder von Norden kommende Bergsteiger sich entscheiden müssen, welche Ziele er angehen will. Während im Norden die Tonalepaßstraße mit ihren malerischen Dörfern ideale Ausgangspunkte aufweist, sind im Südosten die Orte des Rendenatals zwischen Madonna di Campiglio und Tione di Trento sowie das Val di Daone im Süden als ebenso wichtig anzusehen. Das Valle di Genova bildet eine natürliche Grenze zwischen Presanella und Adamellogruppe.

Der Presanella-Neuling, der beispielsweise den Carè Alto von der Ortschaft Borzaga im Rendenatal aus besteigen möchte, wird auch heute noch durch kaum berührte Hochtäler und Alpenrosenhänge aufsteigen, wie er sie selten in anderen Berggruppen findet. Nachdem Ende der sechziger Jahre das ganze Gebiet zusammen mit der gegenüberliegenden Brentagruppe zum Naturpark (Parco Naturale) erklärt wurde, sind auch Flora und Fauna wieder reicher geworden. Zudem sind die Hütten- und Paßwege gut ausgebaut.

Diese Wege wurden nicht nur von Alpenvereinssektionen angelegt, sondern stammen hauptsächlich aus dem Ersten Weltkrieg, dem »Weißen Krieg«, der besonders in der Adamellogruppe wütete. Noch in den sechziger Jahren wurden zum Teil gut erhaltene Relikte dieses grausamen Krieges gefunden, die plötzlich irgendwo aus dem Gletscherschnee ausaperten.

Als die wichtigsten Berge gelten die Cima Presanella selbst, die mit ihrer beachtlichen Höhe von 3556 Metern der höchste Berg der Provinz Trient ist, und der Cima Vermiglio (3458 m), von der die Presanella durch einen aussichtsreichen Schneegrat getrennt ist. Besonders ihre bis zu 650 Meter hohen Nordabstürze erfreuen sich größter Beliebtheit. Die beiden Normalwege von der Segantinihütte aus im Osten und der Denzahütte aus im Norden weisen dagegen keine Schwierigkeiten auf.

Vor allem von der Tonalepaßstraße, auf Höhe der Ortschaft Vermiglio, sind die Nordwände der Presanella und des Vermiglio besonders eindrucksvoll. Ein gutes Dutzend von Anstiegen zieht sich durch diese schroffe Flucht. Bei guten Eis- bzw. Schneeverhältnissen sind besonders die direkten Nordwandanstiege beider Gipfel, zusammen mit dem drei- bis vierstündigen Hüttenanstieg von Stavel zur Denzahütte, ein Leckerbissen für jeden Eisgeher. Schwierige kombinierte Touren bieten ebenso die Cima Busazza (3326 m) und der Monte Cerceb (3280 m) in der Nähe des Tonalepasses. Von hier aus läßt sich auch das Frühjahr-Sommer-Skigebiet an der Cima Presena (3069 m) durch eine Seilbahn leicht erreichen.

Wie bereits im Ortlergebiet hat auch hier Julius Payer wesentliche Pionierarbeit bei der Erschließung geleistet. Diesem talentierten Geographen gelangen nicht nur zahlreiche Erstbesteigungen, er schuf auch eine genaue Karte über das Adamello-Presanella-Gebiet. Im September 1864 bezwang er zusammen mit Caturani als erster den Adamello. Nur wenige Wochen später gelangten die Engländer H. A. Beachcroft, Douglas W. Freshfield und Horace Walker mit zwei Führern auf den noch unbezwungenen Gipfel der Presanella. Die erste Durchsteigung der berüchtigten, abschreckenden Nordwand, die auch heute noch ein begehrtes Ziel darstellt, gelang erst 1906 nach einigen gescheiterten Versuchen den Italienern P. Arici, U. Croux und E. Brocherel.

Nach und nach fielen die Grate und Wände an der besonders von Osten formschönen Presanella: die Nordwandkante durch G. Jahn und V. Sohm 1908, die 55° steile Nordwand im Jahre 1937 durch R. Maculotti und G. Faustinelli. Über die letztere ist der Meraner Heini Holzer 1972 mit Skiern abgefahren. Dem Brentaspezialisten der dreißiger Jahre, Bruno Detassis, seinem Bruder Catullo, G. Alimonta, S. Serafini,

N. Vidi – alle Bergführer aus Madonna di Campiglio – fiel 1949 die erste Durchsteigung der fünfhundert Meter hohen Ostwand (Schwierigkeitsgrad V) zu. Heute ist die Erschließung des Gebietes weitgehend abgeschlossen, abgesehen von einigen Rinnen oder Rippen untergeordneter Bedeutung.
Wer dieses Gebiet aufsucht, tut gut daran, neben der Eisausrüstung ebenso die Felsausrüstung mitzuführen – wenigstens im Auto. Denn während in der Adamello-Presanella vorwiegend kombinierte oder reine Eisfahrten unternommen werden können, lädt die gegenüberliegende Brenta-Gruppe zu luftigen Klettereien an ausgesetztem, bestem Gestein ein.

Heinz Steinkötter

Etschtal

Die Etsch ist mit 420 Kilometern der zweitlängste Fluß Italiens und der längste Südtirols. Sie nimmt ihren Ursprung am nordwestlichsten Winkel Südtirols, am Dreiländereck mit Österreich und der Schweiz, durchfließt den Vinschgau und das Meraner Burggrafenamt, wird von Zuflüssen aus der Ortlergruppe und den Ötztaler Alpen gespeist, nimmt im Bozner Talkessel den Eisack und die Talfer auf, die wiederum ihr Wasser von den Stubaier-, Zillertaler- und Sarntaler Alpen erhalten, und zieht nun gemächlich durch das Südtiroler Unterland bis zur Salurner Klause. Weiter geht ihr nunmehr verlangsamter Lauf, nimmt mit dem Noce und dem Avisio Wasser von der Brentagruppe und den westlichen Dolomiten auf, fließt vorbei an den Städten Trient und Rovereto, immer an den steilen Berglehnen der Voralpen entlang bis zur Berner Klause kurz vor Verona, um hier endgültig die Alpenkette zu verlassen und über die Weite der Poebene südlich von Venedig ins Adriatische Meer zu fließen.
Der Vinschgau wird zur Gänze von der Etsch durchzogen.
Noch ist die Landschaft wegen ihrer Höhen- und Windlage kahl und wenig fruchtbar. In Laas sieht man gewaltige Marmorblöcke, die hier aus dem Berg gebrochen werden; sie zieren Dome und Paläste in ganz Norditalien. Bei Schlanders wird die Vegetation südlicher. In der Töllschlucht verengt sich die Talsohle; in raschem Gefälle überwindet die Etsch eine Talstufe, um das tiefer liegende Meraner Becken zu erreichen.
Hier beschreibt die Etsch einen Bogen nach Süden in Richtung Bozen. Das Etschtal ist hier völlig eben und ein einziger Obstgarten, während an seinen Flanken bekannte, gute Weine gedeihen. Im Osten des Tales erhebt sich der Bergrücken des Saltens (über diesen zieht der Europäische Fernwanderweg E 5 Bodensee–Adria) und im Westen ein weiches Mittelgebirge, das von der Laugenspitze und südlicher vom markanten Mendelkamm gekrönt wird. Orte wie Lana, einst und heute »Ballei an der Etsch« (Sitz des Deutschen Ritterordens), Nals, Andrian, Vilpian und Terlan sind typische Obst- und Weinorte und für geruhsame Ferien sehr beliebt.

Der Laugen ist mit knapp 2500 Meter zwar kein sehr hoher Berg, hat aber einen anderen Rekord zu verbuchen: Bereits im Jahre 1552 ist seine Besteigung durch zwei Damen bekundet (Regina von Brandis und Katharina Botsch), eine der frühesten bezeugten Damenbegehungen eines Alpenberges. Der Mendelkamm bricht hingegen in einer Länge von über zehn Kilometern mit senkrechten Wänden bis zum Mittelgebirge ab und gibt dem Etschtal zwischen Meran und Salurn sein auffallendes Wahrzeichen. Diese Wände sind aus so schlechtem, brüchigem Gestein, daß nur ganz wenige, äußerst gefährliche Kletterrouten durch sie führen. Doch als Wanderberg ist die Mendel sehr zu empfehlen, sei es wegen der herrlichen Aussicht über das Etschtal zu den Dolomiten oder wegen der lieblichen Landschaft an ihrem Fuße mit den romantischen Hügelkirchen, den halbverfallenen Burgen und den kleinen Bergdörfern – ein ausgesprochenes Wandergebiet zu allen Jahreszeiten.
Südwestlich von Bozen vereinigt sich nahe der großartigen Schloßruine Sigmundskron die ruhige Etsch mit dem stürmischen Eisack und durchfließt dann gemächlich das fruchtbare Bozner Unterland.
Doch wir wenden uns der westlichen Etschtalseite zu, dem Überetsch, durch welches in Voreiszeiten die Etsch floß, das heute aber gut hundert Meter höher liegt und durch den Mitterberg vom tiefer liegenden Etschtal getrennt wird. Das Überetsch, das von Sigmundskron bis zum Kalterer See reicht, kann mit Recht als ein Garten Gottes bezeichnet werden. Die herrlichen Rebenhänge, die schönen Dörfer und die vielen (ca. 150) mittelalterlichen Burgen, Schlösser und Ansitze, das angenehme Klima und die bereits südliche Üppigkeit der Vegetation geben dieser Landschaft etwas Einmaliges.

Südlich von Salurn schließen sich die beiden Bergseiten der Etsch, Fennberg und Geiersberg, auf zwei Kilometer eng zur Salurner Klause zusammen. Diese Engstelle ist die Sprachgrenze und zugleich Verwaltungsgrenze zwischen den autonomen Provinzen Südtirol und Trentino. Hier verläßt die Etsch Südtirol und durchfließt die Piana Rotaliana bei Mezzocorona und Mezzolombardo, bevor sie Trient erreicht.
Alpinistisch gesehen bieten die steilen Bergflanken längs des Flusses wenig Anreiz; dennoch stellen sie für Bergsteiger eine Besonderheit dar: Auf engstem Raum sind hier drei versicherte Klettersteige künstlich angelegt, die alle in der Talsohle ihren Ausgangspunkt haben und somit fast ganzjährig begehbar sind. Etwas südlich von Margreid startet der »Fennberg-Klettersteig«. In der Nähe von Mezzocorona führt der bekannte »Burrone-Steig« in einer teilweise versicherten, leichten Kletterei durch eine wildromantische Felsschlucht. Auf der anderen Talseite steigt nördlich von San Michele die »Via ferrata Rio Secco« sehr steil und anstrengend auf den Bergrücken oberhalb des Schloßes Königsberg-Montereale.
Im Trentiner Etschtal sind noch weitere interessante Klettersteige zu finden, die meist wenig oberhalb des Talbodens beginnen: beispielsweise am Monte Albano bei Mori, senkrecht und ganzjährig begehbar; südlich davon bei Avio die »Via ferrata G. Sega«, die nach Madonna delle Neve führt; hoch über Trient der Klettersteig

»P. Degasperi« durch die Bondone-Ostwand, und nicht allzuweit von Trient entfernt die Klettersteige von Riva am Gardasee und Arco im Sarchetal.
So ist die mittelalterliche Bischofsstadt Trient, heute Verwaltungssitz der politischen Region Südtirol-Trentino, nicht nur als Konzilstadt (Konzil von Trient 1545 bis 1563) bekannt, sondern auch für Bergsteiger ein Begriff durch seine jährlichen Bergfilm-Festivals und seine nahen, ganzjährigen Klettergebiete.
Bei Ala, einst Grenzstadt der österreichisch-ungarischen Monarchie zu Italien, fließt die Etsch ins Veronesische. Rebstock und Ölbaum gedeihen üppig an ihren Ufern. Zur Linken liegen die Lessinischen Berge und zur Rechten der langgestreckte, oft schneebedeckte Rücken des Monte Baldo oberhalb des Gardasees.
Kurz vor Verona verengt sich das Etschtal noch einmal. Zu beiden Seiten steile Felswände, bewehrt mit alten Festungsbauten. Durch diese Enge der Berner Klause bricht sich der Fluß einen Zugang zur großen Ebene. Bald ist Verona, die Stadt der Skaliger, erreicht. Doch die Etsch fließt weiter, zieht durch die fruchtbare Poebene; nahe ihrer Mündung in die Adria umspülen ihre Fluten die Lagunenstadt Venedig.

Hansjörg Hager

Dolomiten

Seit nur wenig mehr als hundert Jahren kennt man die Dolomiten als Landschaft, deren abenteuerliche Felsformen über weich geschwungenen Matten einen der schönsten und kontrastreichsten Alpenbereiche bilden. Dolomiten, heute sind sie das alpine Dorado für Wanderer und Kletterer sowie ein vielgerühmtes und beliebtes Skiparadies.
Dolomit ist ein dem Kalk nahestehendes Karbonatgestein. Namensgebend sowohl für den Fels als auch für die gesamte Bergregion war, wenn auch wider Willen, der französische Naturforscher Déodat de Dolomieu (1750–1801). Er hat als erster das Südtiroler Kalzium-Magnesium-Karbonat näher untersucht und beschrieben.
Die Dolomiten liegen im Zentrum der Südlichen Kalkalpen. Südseitige Kalkalpen treffen wir nur im ostalpinen Raum an, in den Westalpen fehlen sie ganz. Westöstlich messen die Dolomiten etwa hundert Kilometer; wenn man die Brenta hinzuzählt, noch rund dreißig Kilometer mehr. Ohne die Brenta gilt die Eisack-Etsch-Furche als Dolomiten-Westgrenze. Die Ostgrenze wird von der Linie Sexten – Kreuzbergpaß – Piavetal markiert. Bezieht man die »Dolomiten jenseits der Piave«, im deutschen Sprachraum meist »Karnische Voralpen« genannt, mit ein, so schiebt sich die Dolomiten-Ostgrenze noch ein Stück ostwärts. Die Entfernung vom Pustertal im Norden zum Val Sugano, dem unteren Piavetal oder der Po-Ebene im Süden beträgt gut siebzig Kilometer Luftlinie. Den im Nordosten gelegenen Gebirgsstock der Lienzer Dolomiten zählt man trotz Geologie und Namen gewöhnlich nicht zu den Dolomiten, ganz im Gegensatz zu den zwischen Sugana- und Eggental liegenden

Fleimstaler Alpen, obwohl diese mit ihrem vorwiegend porphyrischen Gipfelaufbau eigentlich nicht als Dolomitengruppe angesprochen werden können.
Die westlichste Berggruppe der Dolomiten ist die Brenta. Sie zu den Dolomiten zu zählen, wird zwar ihrer geographischen Lage nicht gerecht – sie ist durch das breite Etschtal von den übrigen Dolomitengruppen getrennt –, geologisch und morphologisch bilden die Brenta und die eigentlichen Dolomiten aber eine Einheit. Mächtige Felsbastionen, grandiose Türme und Nadeln prägen ihr Erscheinungsbild; alles jedoch urwüchsiger, wilder und erhabener als in den anderen Dolomitengruppen. Bedeutende Gipfel sind die Cima Tosa (3173 m) als höchster Brentaberg, deren riesenhafter Nordpfeiler Crozzon di Brenta (3135 m), die beherrschende Cima Brenta (3150 m), der gewaltige, freistehende Turm Torre di Brenta (3014 m), die Cima d'Ambiez (3102 m) mit ihrer imponierenden Ostwand und die phantastische Felsnadel Guglia di Brenta (2872 m).
Das Gebiet der eigentlichen Dolomiten auf der anderen Seite des Etschtales wird üblicherweise in Westliche und Östliche Dolomiten untergliedert. Die Grenzlinie zwischen beiden verläuft durch das Gadertal, über den Campolongopaß am Ostfuß der Sella sowie durch das Cordevoletal. Gruppen der Westlichen Dolomiten sind der Schlern, Rosengarten, Langkofel, die Sella, Marmolada und die im Süden liegende Pala. Zu den herausragenden östlichen Gruppen zählen die Sextener Dolomiten, die Ampezzaner Massive Tofana, Cristallo, Antelao und Pelmo, der Zoldiner Bosconerostock und schließlich noch die imponierende Civetta sowie die dem Gebirgssüdrand nahe Schiara. Als innerdolomitische Haupttalzüge gelten im Westen Fassa-, Grödner- und Gader- oder Abteital, im Osten Ampezzaner-, Zoldo- und Cordevoletal; Etsch- und Piavetal gehören je nach Dolomitenabgrenzung dazu oder sind Grenzlinien. Wesentliche Bedeutung als Dolomitenorte mag schließlich noch Bozen, Brixen, Sankt Ulrich und Bruneck zukommen, weiter Cortina d'Ampezzo, Agordo, Pieve di Cadore, ebenso nicht zu vergessen Belluno, Trient und Madonna di Campiglio in der Brenta.

Bizarres Dolomitenland: Hier sind es graue oder rötlichgelbe Felsabstürze, dort hellgrüne Lärchen und blumenbunte Bergwiesen. Wo gäbe es größere Kontraste als die kargen, wuchtig-schroffen Dolomitmassive mit jähen Türmen und Nadeln über den heiter geschwungenen Almenflächen und Hängen mit ihrem freundlich lichten Wald?
Schon früh haben jene siedlungsgeeigneten Zonen den Menschen zum Verbleiben angezogen. Paul Grohmann schreibt in seinen »Wanderungen in den Dolomiten« (Wien 1877), einem der allerersten Dolomitenbücher: »Drei Völkern geben die Dolomiten ihre Wohnsitze, und in der Landschaft, die uns in allen Farben umspielt, spricht auch der Mensch in verschiedenen Sprachen: Neben dem treuherzigen deutschen Laut vernehmen wir den Wohlklang der südlichen Zunge und das köstliche Ladinische.«
Die vornehmlich rings um die Sella wohnenden Ladiner waren zwar auch nicht die

ersten, aber sie sind die älteste noch vorhandene Dolomitenbevölkerung; seit fast dreitausend Jahren leben sie hier. Um den Beginn unserer Zeitrechnung kamen die Römer ins Land, und im 6. Jahrhundert die germanischen Langobarden, ehe die Bayern nach Süden ausgriffen, deren durch die Sprachgrenze markierter Siedlungsraum sich alsbald bis zur Salurner Klause im Etschtal erstreckte.
Typisch für die drei Volksgruppen stehen ihre Siedlungsformen vor uns, die vielfach aus dem Hochmittelalter stammenden Wohn- und Ortsanlagen, Häuser und Höfe, Gassen und Kirchen. Der Bereich der Ladiner und Deutschen weist viel Gemeinsames aus: die Rodungsflächen bis in große Höhen (teilweise über 1700 Meter), die Siedlungsform und die Kultur. Urwüchsige ladinische Orte treten uns entweder als kleine, weltferne Gebirgsweiler und Einzelhöfe entgegen, oder es sind meist lockergebaute Haufendörfer im Talgrund. Wie im Rodungsland nicht anders zu erwarten, spielt Holz als Baumaterial für die Häuser eine große Rolle. Aber auch der bis unters Dach gemauerte Steinbau mit Reihen kleiner Fenster ist hier nicht selten; dies überwiegend in tieferen Siedlungslagen. Die hellgetünchten Steinhäuser verbreiten distanzierte Kühle und wahren in der Regel Abstand voneinander – nicht selten recht weiten Abstand. Ab und zu fällt der angebaute Scheunenteil als hölzerne Haushälfte auf. In anderen Orten sind Scheunen und Schuppen vom Wohn- und Stallhaus getrennt. Kirchen finden wir vorzugsweise in gotischem Stil erbaut. Ansonsten meist unpersönliche, von Lattenzäunen zerteilte Wiesenflächen, ein paar Büsche und Bäume, selten ein schmales Gärtchen. Um so freundlicher muten eher rare Kleinodien wie das Villnösser Zwiebelturmkirchlein Sankt Magdalena an. Da und dort vermag Lüftlmalerei ein wenig Wärme zu spenden.
Die relief- und wirtschaftsbedingte Streusiedlung in mehr oder minder hohen Hanglagen bestimmt auch das bäuerliche Siedlungsbild deutscher Gebiete, in der Regel in Form behäbig dastehender Einzelhöfe. Auf gemauertem Unterbau lagern hölzerne, wettergebräunte Obergeschosse mit breiten Balkonen, darüber Schindel- oder Ziegeldächer. Hier drängt sich ein Stapel von Brennholzscheiten neben die Bank vor dem Haus, dort sorgt ein Blumengarten für ein paar Farbtupfer.
Anders als bei den Ladinern und Deutschen lassen die italienischen Orte auch im ländlichen Umfeld auf Geselligkeit schließen: oft dichtgedrängt aneinandergebaute Steinhäuser städtischen Gepräges, die nur Platz für enge Gassen geben. Ihre mitunter etwas düster wirkenden, graufleckigen Wände mögen zwar oftmals brüchig und erneuerungsbedürftig aussehen, aber immer umgibt sie Atmosphäre.
Neben dem Ostteil der Provinz Bozen haben noch drei weitere italienische Verwaltungsbereiche Anteil an den Dolomiten: die Provinzen Trient, Belluno und im äußersten Osten Udine. Die Provinzen Bozen und Trient sind, wie gesagt, als autonome Region Trentino – Tiroler Etschland zusammengefaßt, italienisch Trentino – Alto Adige.
Gegenwärtig gehören die Dolomiten zu den besterschlossenen Zonen der Alpen. Im Norden verläuft die von Klagenfurt–Lienz kommende Pustertalbahn (eröffnet 1871), die in Franzensfeste Anschluß an die seit 1867 existierende Brennerbahn findet. Die

wichtigste West-Ost-Verbindung quer durch die Dolomitenberge wurde 1898 als »Kaiserstraße« geplant und 1909 fertiggestellt. Sie verbindet Bozen über den Karerpaß mit dem Fassatal, führt weiter über Pordoijoch sowie Falzàregopaß nach Cortina und Toblach.
Längst sind viele andere Straßenanschlüsse hinzugekommen. Schließlich auch Bergbahnen und Lifte und zahllose Wanderwege. Als einer der frühen Dolomiten-Wanderwege sei hier der das Seiser-Alm-Haus mit dem Sellajoch verbindende »Friedrich-August-Weg« erwähnt, der selbst heute noch den Namen des Sachsenkönigs Friedrich August III. trägt, der ihn einst anlegen ließ. Im Jahr 1966 begründete Toni Hiebeler die Dolomiten-Fernwanderrouten, wovon es heute sechs gibt: einheitlich markierte Höhenwege durch die wichtigsten Dolomitengruppen mit Begehungszeiten zwischen neun und vierzehn Tagen.
Im Laufe der Zeit sind zu den Wanderwegen die noch anspruchsvolleren Klettersteige gekommen, die durch eine Anzahl schroffer Steilwände führen. Am bekanntesten und spektakulärsten ist wohl der mit unglaublicher Mühe angelegte Bochetteweg in der Brenta. Auf natürlichen Felsbändern durchzieht er in luftiger Höhe den gesamten Bergkamm.
Seit langem gelten die Dolomiten darüber hinaus als ebenso beliebtes wie vielseitiges Skigebiet, wovon nicht nur zahlreiche Skilifte oder der Winterolympiaort Cortina d'Ampezzo, sondern auch die von Toni Hiebeler eröffnete Dolomiten-Skihochroute und der Marcialonga-Skimarathon zeugen.
Besonders alt ist das alles nicht. Vor dem Jahr 1867 waren es ausschließlich Fußgänger, Reiter und von Pferden gezogene Wagen, die den Brenner überquerten. Von den meist schwergewichtigen Pferdefuhrwerken zählte man jährlich über 25 000, das waren während der Sommermonate täglich rund hundertfünfzig Gespanne. Angesichts der damaligen Straßenverhältnisse müssen Zeitaufwand sowie Strapazen einer solchen Reise erheblich gewesen sein. Die Inbetriebnahme der Brenner-Eisenbahn bedeutete einen ungeheuren Verkehrsaufschwung, was natürlich auch als Voraussetzung für die touristische und alpinsportliche Dolomiten-Erschließung die grundlegende Rolle spielte. Mit der Eröffnung der Brenner-Autobahn im Jahr 1974 wurde ein letzter Höhenflug der Verkehrsentwicklung eingeläutet, die ganz und gar nicht nur positive Kulmination der Autolawine.
Um 1860 sah das alles ganz anders aus. Damals schrieb der Engländer G. C. Churchill in seinem mit J. Gilbert herausgegebenen Buch »Die Dolomitberge« (1864), daß er in Bozen nicht das Geringste über die Zugänglichkeit des Karerpasses als Übergang ins Fassatal erfahren konnte. Bis zu jener Zeit waren außer den Einheimischen nur wenige naturwissenschaftlich Interessierte in die Dolomitenlandschaft eingedrungen, etwa die Geologen Leopold v. Buch oder Ferdinand v. Richthofen Ende des 18. und Mitte des 19. Jahrhunderts.

Die bergsportliche Erschließung der Dolomiten setzte relativ früh ein. Bereits 1802 gab es einen frühen Ersteigungsversuch der Marmolada, wobei der Geistliche Don

Terza durch einen Spaltensturz ums Leben kam. Als erster wirklicher Bergsteiger in den Dolomiten gilt der Ire John Ball (1818–1889). Aber auch ihn führten seinerzeit zunächst einmal topographische, geologische und botanische Studienziele nach Südtirol. Aber wie für die Briten von jeher Wissenschaft und Sport vergleichbaren Rang besaßen, so hatten auch für Ball Bergbesteigungen gewiß keinen geringeren Wert als seine anderen Interessen. Am 19. September 1857 stand er als der erste Mensch auf dem Gipfel des Monte Pelmo. Das war ein Vierteljahr vor Gründung des britischen Alpine Club in London, des weltältesten Bergsteigervereins, zu dessen erstem Präsidenten John Ball gewählt wurde. Ganz oben auf dem höchsten Punkt der Marmolada di Rocca ist Ball im Jahr 1860 wohl nicht gewesen, dafür jedoch fünf Jahre später auf der höchsten Brenta-Erhebung, der Cima Tosa. Auf Ball gehen auch die ersten alpinen Führerwerke zurück (1859 bis 1868). Die Erstbesteigung der Cima Brenta gelang 1871 seinen Landsleuten Douglas W. Freshfield und Francis F. Tuckett zusammen mit François Dévouassoud. Zahlreiche Namensgebungen erinnern in der Brenta an diese Pioniere.
Nächstwichtiger Dolomiten-Erschließer wurde der Wiener Paul Grohmann (1838–1908). Im Jahr 1862 an der Gründung des Österreichischen Alpenvereins beteiligt, begann er unmittelbar darauf seine Eroberung der höchsten und bedeutendsten Dolomitgipfel. Von 1863 bis 1869 glückten ihm folgende wichtigste Ersteigungen: die drei Tofana-Gipfel di Mezzo, di Roces sowie di Dentro, die beiden Marmolada-Gipfel Punta Rocca und Punta Penia, weiter Antelao, Sorapiss, Boèspitze, Cristallo, Dreischusterspitze, Langkofel und Große Zinne. Am Pelmo fand Grohmann einen neuen Anstieg über das nach ihm benannte Band. Die Civetta erstieg er als zweiter. Nur an der Hohen Gaisl (Croda Rossa) und am Cimone della Pala blieben ihm die Gipfeleroberungen verwehrt. Daß dies »alles nur ein kleiner Anfang« sein konnte und »den Dolomiten eine Zukunft bevorsteht wie keinem anderen Teil der Alpen«, war Paul Grohmanns feste Überzeugung.
Schon in jener Frühzeit des Dolomiten-Bergsteigens hob Grohmann die vortrefflichen Führereigenschaften seiner Ampezzaner Begleiter hervor, »damals Waldhüter, Gemsjäger, Bauern«, die alle mit ihm ihre ersten Gipfeltouren durchgeführt hatten: Namen wie Lacedelli, Dimai, Pizzo, Siorpaes – später erlangten sie wesentliche Bedeutung im Dolomiten-Klettern. Und wenn hier Dolomitenführer erwähnt werden, dürfen natürlich die Ampezzaner Dibona, Ghedina oder Verzi nicht fehlen, ebenso die Sextener Innerkoflers, die bei fast allen wichtigen Gipfelerstbesteigungen ihrer Heimatberge dabei waren, oder die Schranzhofers, nicht weniger die Pala-Führer Bettega und Zagonel, Tita Piaz und Luigi Rizzi aus dem Fassatal, weiter der Stabeler, der mit seinem bürgerlichen Namen Johann Niederwieser hieß, und später Emilio Comici oder die erfolgreichen Brenta-Führer Detassis, auch Cesare Maestri, um hier nur eine ganz kleine Auswahl zu bringen.
Hochrangigen Anteil an der Dolomiten-Erschließung hatten aber von jeher die »Führerlosen«. So glückte dem achtzehnjährigen Münchner Schüler Georg Winkler 1887 die erste Ersteigung des nach ihm benannten Winklerturms, des südöstlichen

der Vajolettürme im Rosengarten – damals eine der gefürchtesten alpinen Unternehmungen – und das im Alleingang! Dem zwanzigjährigen Hermann Delago gelang am 22. September 1895, ebenfalls alleingehend, die Erstersteigung des westlichen Vajoletturms, der heute Delagoturm heißt. Sein Delagokamin am Villnösser Turm in der Geislergruppe stammt aus demselben Jahr. In beiden Fällen wurde wohl erstmals in den Alpen und auch weltweit im Bergsport der fünfte Schwierigkeitsgrad erreicht. Eine weitere Schwierigkeitssteigerung finden wir dann im Fehrmannkamin der Kleinen Zinne, von Rudolf Fehrmann bezwungen im Jahr 1909. Paul-Preuß-Anstiege von 1911, etwa die durch ihn auch wieder allein erstbegangene Ostwandroute an der Guglia di Brenta (Campanile Basso) oder der Preußriß an der Kleinsten Zinne, gelten zu Recht als ebenso imponierende Marksteine des führerlosen Dolomitenkletterns. Gleiches gilt für die von Hans Dülfer 1913 erstdurchstiegene Westwand der Großen Zinne oder selbst für Dülfers Südkante am Cadinspitzen-Turm Campanile Dülfer.

Am 11. und 12. August 1924 durchstiegen der Nordtiroler Roland Rossi und der Sachse Felix Simon erstmals die Pelmo-Nordwand, womit ihnen der Durchbruch zum sechsten Grad, genau: VI –, und »einer der vollkommensten Anstiege in den Dolomiten« (Geodeke im Dolomiten-Pelmo-Führer) gelang. »Zunächst hatten wir nur beabsichtigt, eine rotgelbe Wandzone zu untersuchen, weil von unten nicht klar zu erkennen war, ob man sie durchsteigen konnte« schreibt Simon in seinem Buch »Felstürme und Eiswände« (Leipzig 1957). »Hat man jedoch einmal begonnen, so entwickelt sich die Sache oft ganz anders als beabsichtigt. So kam es auch hier: aus dem Erkundungsvorstoß wurde gleich der Durchstieg selbst. – Rossi und ich hatten wechselnde Führung vereinbart.« Und nach einem harten Klettertag schließlich: »Noch immer trennten uns 120 Meter vom Gipfel, als die Dunkelheit Halt gebot. Beiwacht in unerschlossener Wand! Auf schmalem Bande hockten wir uns nebeneinander ... Dann stellten wir Vergleiche an mit anderen schweren Touren, mit der direkten Totenkirchl-Westwand, mit der Laliderer-Nordwand und der Schüsselkarspitze-Südwand. Diese drei hielten unserer Meinung nach den Vergleich mit der Pelmo-Nordwand nicht aus. Sie war noch höher als die Laliderer, die Orientierung fiel schwer, und immer wieder traten neue, außerordentliche Schwierigkeiten auf. Damit verlangte die Wand einen größeren Aufwand an Nervenkraft als die anderen äußerst schweren Touren der klassischen Zeit.«

Wieder war ein Sachse dabei, nämlich Fritz Wießner, als es im Jahr darauf zum zweiten Dolomitenanstieg im sechsten Grad kam. Gemeinsam mit Emil Solleder eröffnete er eine Route durch die lange Zeit umworbene Nordwand der Furchetta. Bereits Hans Dülfer hatte sich zusammen mit Luis Trenker im Sommer 1914 um die Wand bemüht. Sie bescherte dem Dolomiten-Bergsteigen nun den ersten »vollen sechsten Grad«. Nur wenige Tage später gelang den beiden Münchnern Gustav Lettenbauer und Emil Solleder der erste Direktdurchstieg der Civetta-Nordwestwand, der »Wand aller Wände«, wie sie Domenico Rudatis in seinem Buch »Das Letzte im Fels« (München 1936) genannt hat. »Wenn man dieses 1925 ausgeführte

Unternehmen in seiner Gesamtheit betrachtet«, schrieb damals Rudatis, »und die Stilreinheit, mit der es ausgeführt wurde, in Rechnung zieht, so bezeichnet es sicherlich den höchsten bis dahin erreichten Punkt im Fortschritt der Leistungen. Die ersten Wiederholer haben sofort bewiesen, daß es jeden Vergleich mit den außerordentlichsten Unternehmungen seiner Zeit übertraf.«

Wie ernst auch etwa ein Unwetter in der Civettawand werden kann, zeigte sich 1932, als ihr der hochtalentierte Münchner Bergsteiger und Dichter Leo Maduschka zum Opfer fiel.

Zu Beginn der dreißiger Jahre ging die Dolomiten-Erschließung mit ihren wichtigsten Marksteinen an die Italiener über und zum guten Teil in die Civetta. Bis 1935 kam es dort zur Eröffnung bewundernswürdiger Neutouren, den siebzehn »Kronjuwelen der Civetta-Gruppe« (Rudatis), darunter so bedeutende Anstiege wie die Nordwestwände des Pan di Zucchero (Tissi – Andrich – Rudatis) und der Punta Civetta (Andrich – Faè). Am »Turm aller Türme«, dem Torre Trieste, fiel dessen Südwand (Carlesso – Sandri) sowie die Südostkante (Cassin – Ratti), und es gab da ähnlich große Erstbegehungen mehr, Routen, die selbst nach dem Zweiten Weltkrieg noch zu den schwierigsten Alpenanstiegen zählten.

Doch auch anderwärts waren die Maßstäbe nach oben geschoben worden. Hans Steger und Paula Wiesinger hatten zum Beispiel 1928 den »Weg der Jugend« am Sextener Einserkofel eröffnet, Luigi Micheluzzi mit zwei Gefährten im darauffolgenden Sommer den Marmolada-Südpfeiler, Emilio Comici und Angelo sowie Guiseppe Dimai 1933 die Nordwand der Großen Zinne, zwei Jahre später Riccardo Cassin und Vittorio Ratti die Westliche-Zinne-Nordwand, nach einem weiteren Jahr Gino Soldà und Umberto Conforto die Marmolada-Südwestwand, schließlich Battista Vinatzer und Ettore Castiglioni die Südwand der Marmolada di Rocca, was selbstverständlich auch nur wieder ein paar besonders markante unter den großen Touren jener Jahre sind. Der sechste Grad hatte sich voll durchgesetzt, ja in einigen Routen, im Vinatzerschen Nordwandriß des Monte Stevia beispielsweise, wurde bereits dessen obere Grenze, VI +, erreicht.

Ganz sicher kann man sagen, daß der Durchsteigung der Großen-Zinne-Nordwand im Jahr 1933 besonderes Gewicht zukam, jener ideal geschnittenen Dolomitenmauer, die von jeher als Inbegriff einer makellosen Felswand gilt. »Wie lange schon hegte ich den Wunsch, diese wunderbare Wand zu erobern!« schrieb später Comici. »Welche Freude, welchen Stolz und welche unsagbare innere Genugtuung empfindet man, wenn man eine Feder zur Hand nehmen kann und das Recht dazu hat, auf dem Bild der noch vor einigen Stunden jungfräulichen Wand den beschrittenen Weg

---

Seite 165: Blick von Norden zum Crozzon di Brenta sowie zur dahinterstehenden Cima Tosa, dem mit 3173 m höchsten Brentagipfel. Linkerhand das Val Brenta Alta. Die schroffen Crozzon-Anstiege zählen zu den bedeutendsten der Gebirgsgruppe; so ist die 900 Meter hohe Nordkante bei mittleren Anforderungen eine der am häufigsten begangenen Routen und der durch die linke Wand ziehende »Franzosenpfeiler« eine der anspruchsvollsten. Auch die zwischen Crozzon und Cima Tosa eingebettete rund 50 Grad steile Eisrinne »Canalone della Tosa« gilt als markantes Unternehmen. Sie ist bereits mit Skiern befahren worden.

Seiten 166/167:
Brenta Alta, Campanile Basso (Guglia di Brenta) und Campanile Alto von Osten. Links im Hintergrund die Steilwände des Tosa-Massivs, rechts in der Ferne die Gletscherberge der Presanella-Gruppe. Die 500 Meter hohen, weithin senkrechten Nordostabstürze der Brenta Alta weisen einige extrem-schwierige Kletterrouten auf; bei besonders rauhem sowie festem Fels besitzen sie den Ruf besonderer Kühnheit und Eleganz.

Seite 168:
Als ein weiterer unter den hervorragenden Kletterbergen der Brentagruppe wird die Cima d'Ambiez verhältnismäßig häufig aufgesucht. Auch bei ihr ist es in erster Linie die lotrechte Ostwand, in der mehrere berühmte Anstiege zum Gipfel führen. Auf unserem Bild wird der untere Wandteil von der davorstehenden Kette der Tosatürme (Castèi) verdeckt. Links im Hintergrund die Cima d'Agola, rechts die Firnhaube der Cima Tosa 3173 m.

Seite 169:
Blick über den Antelao-Gipfel nach Nordnordwest zum Sorapiss-Massiv mit seinen berühmten Klettertürmen Tre Sorelle (Drei Schwestern) rechts im Kamm, dahinter der Cristallo. Vor der höchsten Sorapiss-Erhebung das weiträumige Südkar »Fond de Rusecco«.

Seiten 170/171:
Cadinspitzen Cadini di Misurina von Süden. Rechts die Hauptkamm-Berge Cima Eötvös und Cima Cadin di San Lucano, links die Westgruppe mit der Cima della Neve.

Seite 172:
Blick von Süden her zum Sorapiss-Massiv, das rund 2000 Meter über dem Tal von Cortina d'Ampezzo kulminiert. Die große Schattenwand ist der fast 700 Meter hohe Südwestabsturz der Croda Marcora, durch den einige der markantesten Extremrouten des Sorapiss ziehen. Im Vordergrund die Forca Grande mit ihrem Zustieg von der San-Marco-Hütte oberhalb San Vito di Cadore.

Seite 173:
Der Sextener Zwölferkofel (Croda dei Toni) mit Kleinstem und Kleinem Zwölfer (links) bei Helikopter-Position überm Bacherntal, im Vordergrund links der Hochleist, rechts die Zsigmondy-Comici-Hütte, darunter der Aufstiegsweg vom Fischleinboden. In der hier sichtbaren Zwölfer-Nordwand gibt es einige namhafte Extremrouten.

Seiten 174/175:
Die Nordabstürze der Drei Zinnen zählen zu den markantesten und berühmtesten Kletterwänden unsrer Erde. Ihre Neutouren waren immer Marksteine des alpinen Extremkletterns, für dessen Epochen sie jeweils wesentliche Symbolkraft besaßen. Links der Paternsattel, vorn die Schuttfelder der Langen Alpe.

Seite 176:
Kleine Zinne – Gelbe Kante. Im Jahr 1933 glückte dem italienischen Meisterkletterer Emilio Comici zusammen mit Renato Zanutti und Mary Varale die Erstbegehung der Gelben Kante (Vorgipfel-Südkante), die markant aus den schroffen Wandabstürzen über der Lavaredohütte ragt. Auf dem Bild sehen wir den Sturz eines Kletterers vom Überhang kurz überm Standplatz der achten Seillänge, der aufgrund hinreichender Ausrüstung und zuverlässiger Sicherung des Seilzweiten jedoch keine ernsten Folgen hatte.

Seite 177:
Große Zinne – Dibonakante. Die Dibonakante ist tatsächlich gar keine Kante von Angelo Dibona, weil diesem in Unkenntnis der tatsächlichen Gegebenheiten im Jahr 1909 nicht die erste, sondern die zweite Nordostkantenbegehung gelang. Bereits 1908 war die Kante von dem Lienzer Rudolf Eller bewältigt worden. Seit Jahrzehnten gilt die »Dibonakante« mit ihren mittleren Schwierigkeiten als eine der meistbegangenen Routen der Großen Zinne.

Seiten 178/179:
Monte-Pelmo-Massiv von Osten, darunter die 1947 Meter hoch gelegene Veneziahütte (Rifugio Albamaria-De-Luca). Von der Veneziahütte führt der bereits 1857 durch den Briten John Ball begangene Normalaufstieg das Schuttkar hinauf und bald links in die Steilflanke, wo bei einem auffälligen Schuttfleck das berühmte Ballband beginnt. Es endet in dem schuttreichen Hochtal, über das man ohne Kletterei den Pelmo-Gipfel erreicht.

Seite 180:
In der Forcella Staunies, nur knapp 300 Meter unter dem höchsten Gipfel des Monte Cristallo, liegt (links außerhalb unseres Bildes) die Guido-Lorenzi-Hütte, unmittelbar darunter die Bergstation der Kabinenseilbahn. Der mit viel Aufwand ausgebaute »Ivano-Dibona-Höhenweg« weist hier den für schöne Sommertage typischen Wanderbetrieb auf. Er folgt im wesentlichen der italienischen Befestigungslinie des Ersten Weltkrieges mit ihren Kavernen und Stollen.

Seite 181:
Der Triglav von Norden aus dem Vratatal. Die gewaltigen Nordabstürze zählen zu den großartigsten Wandbildungen der Ostalpen. Sie wird durch fünf in den Vordergrund drängende Pfeiler gegliedert, über die die bekanntesten Anstiege führen. In diesem Gebiet hat Toni Hiebeler bei einem Hubschrauberabsturz den Tod gefunden. Dieses und die beiden folgenden Bilder sind daher keine Luftaufnahmen. Sie stammen aus dem Bildarchiv des Autors.

*Seiten 182/183:
Der Montasch von Nordosten aus dem Valbrunatal. Das imponierende Massiv bricht nach Norden in eine steile, sehr breite Wandflucht ab, durch die zahlreiche, zum Teil gesicherte Routen führen.*

mit einer Reihe schwarzer Punkte einzuzeichnen ... Mag einer einwenden, daß es keiner Kunst bedarf, um auf einen Felsen zu steigen, nur etwas Mutes. Nein! Zu wissen, wie man den logischsten und elegantesten Weg entwirft, um einen Gipfel zu erreichen, das ist ein wirkliches und manchmal wunderbares Kunstwerk, Geist und Ästhetik, eingemeißelt in die Felsmauer, solange die Berge stehen.«

Einige der hervorragenden Erstbegehungen jener betont nationalistischen Zeit wurden über den erbittert verfolgten persönlichen oder lokalpatriotischen Konkurrenzkampf hinaus zu einem Streit um nationales Prestige. So die Nordwand der Westlichen Zinne, der nach zahlreichen Versuchen durch andere die Münchner Hintermeier und Meindl die wichtigsten, schwierigsten Felsmeter abzuringen vermochten. Schlechtes Wetter zwang sie zu vorläufigem Abseilen und zu zermürbendem Warten. Da, unerwartet, stiegen trotz Nässe und drohender Wolken zwei italienische Kletterer ein, die erfolgsgewohnte Seilschaft Cassin–Ratti. Um vor den nachdrängenden Deutschen Vorsprung zu gewinnen, schlugen sie deren sämtliche Haken hinter sich heraus und erreichten endlich als erste den Gipfel. Ein ähnliches Geschehen hat sich in dieser Wand nach dem Zweiten Weltkrieg noch einmal wiederholt, als es um deren »Direttissima« ging.

Der Idealdurchstieg einer Wand, versinnbildlicht durch »die Linie des fallenden Tropfens« (Comici), die die Wand möglichst in zwei spiegelbildlich gleiche Hälften teilt, galt als das große Ziel der Nachkriegsjahre. Die alten, in damaligen Bergsteigeraugen unidealen Durchstiegslinien von Wänden wie den Nordabstürzen der Drei Zinnen mochten nun nicht mehr genügen. Das neue Ziel hieß Direttissima! Bei so übergeordneter Zielsetzung wie der formalen Linienführung galt die Frage nach dem notwendigen Hilfsmittelaufwand als verhältnismäßig zweitrangig, das heißt sie wurde zur Ansichts- und Geschmackssache ihrer Erschließer. Die polarisierten Extreme jener Zeit verdeutlichen einerseits der fast durchwegs freie Civetta-Anstieg an der Quota IGM (Punta Tissi) von den Wienern Walter Philipp und Dieter Flamm aus dem Jahr 1957, anderseits der sehr materialaufwendige »Sachsenweg« durch die Nordwand der Großen Zinne, den Peter Siegert, Rainer Kauschke und Gert Uhner während siebzehn eisiger Januartage 1963 erstbegangen haben. Beide galten als Prototypen spezieller alpinsportlicher Entwicklungen, die zwar divergierten, aber beide in sich schlüssig waren und trotz mancherlei meist überflüssiger Polemik der vergangenen Jahre für ihre Anhänger echte Werte darstellten.

Im inzwischen als vorbildhaft geltenden Amerikanischen Bergsteigen kennen wir ebenfalls den Gegensatz absolut freier Extremrouten gegenüber künstlichen Touren abenteuerlichster Ausprägung, wozu die meisten »Big-Wall-Klettereien« gehören. Sicher hat auch hier wieder einmal – zumal im Hinblick auf die großen alpinen Dimensionen, bei denen es ganz frei oft nicht geht – der goldene Mittelweg eine

---

Seite 184: Der Jalovec von Nordosten aus dem Planicatal. Links die sonnenbeleuchtete Nordostwand, die rechts von der Nordostkante begrenzt wird. Halb im Schatten die 250m Nordwand. Vom Gipfel fällt nach rechts der Nordwestgrat in den Kotsattel ab. Anschließend der kleine Jalovec.

Menge für sich: So wenig künstliche Hilfen wie nur möglich, so viele Hilfsmittel wie für den Stand eines fundierten zeitgemäßen Könnens nötig. Daß die Durchsteigung großer Wände in sonst unüberwindlichen Passagen ein gewisses, angemessenes Maß an künstlichen Hilfsmitteln rechtfertigt, ist nach wie vor eine im alpinen Bergsteigen gültige These. In diesen Zusammenhang ist auch der unfruchtbare Streit um den Bohrhaken einzuordnen, der schon lange nicht mehr als ernstzunehmender Diskussionsgegenstand gilt. Der Bohrhaken hat sich zum festen Bestandteil des Extrembergsteigens gemausert; wohl die meisten Routen im Grenzbereich weisen Bohrhaken auf, vor allem auch solche Unternehmen, bei denen der Haken nur zu Sicherungszwecken und nicht als Kletterhilfe dient.
Was wäre zur Weiterentwicklung der Kletterschwierigkeit zu sagen? Anforderungen des künstlichen Kletterns bewertet man seit langem mit A-Schwierigkeit, wobei das A vom französischen artificiel, zu deutsch: künstlich, kommt. Bei A 0 (A null) geht es los, und A 4 gilt für die Dolomiten derzeit als Schwierigstes an Haken- und Trittschlingenkletterei, anzutreffen in einigen Extrem-Kunst-Routen der Zinnen-Nordwände, aber auch anderwärts. Und Schwierigkeitssteigerung im freien Klettern? Wahrscheinlich hat den Schritt weiter die Direkte Nordwand (»Direttissima«) der Großen Zinne gebracht. Das war im Jahr 1958. Im Goedeke-Führer »Sextener Dolomiten« lesen wir dazu: »Bei der Erstbegehung wurde laut Auskunft der ersten Wiederholer der obere VI. Grad um einen ganzen Grad überschritten, was bedeutet, daß hier wohl erstmals in den Alpen der volle VII. Grad erreicht worden ist. Als Folge hinzugeschlagener Haken wurden ab der ersten Wiederholung die ursprünglich frei gekletterten Stellen gewöhnlich künstlich geklettert (etwa 40 zusätzliche Haken blieben bei der zweiten Begehung im Fels, die Erstbegeher benutzten 180 Stand- und Zwischenhaken). Landschaftlich und in der Linienführung begeisternde, in der Schwierigkeit mehr oder weniger extreme, auf jeden Fall sehr luftige und anstrengende Kletterei in praller Wand und an knackigen Überhängen, nur zuletzt in Rissen und Kaminen. Zu Recht eine der berühmtesten Routen der Dolomiten und der gesamten Alpen.«
Der Schweizer Albin Schelbert, dem mit seinem Landsmann Hugo Weber zusammen die dritte Wiederholung der Zinnen-Direkten gelungen war, hatte sich anschließend in der Weise über das Unternehmen geäußert: ». . . Trotz der außergewöhnlichen Schwierigkeiten der Führe – der schönsten, die den Gipfel der Großen Zinne erreicht – ist die Einnagelei gut, und die Standplätze sind ausgezeichnet. Ich empfehle den Weg jedem guten Felsgeher, denn mehr als auf jeglicher anderen Tour, die es bisher gibt, wird er hier die Freude haben, seine technischen Fähigkeiten bewußt in ihrer höchsten Entfaltung zu verspüren.«
Ein Jahr später erkämpften sich die beiden Schweizer eine kühne Direttissima durch den Nordabsturz der Westlichen Zinne sowie die Erstbegehung der Nordostwand am Monte Pizzocco im äußersten Süden der Dolomiten.
Im Februar 1961 wurde die Direkte Nordwand der Großen Zinne erstmals im Winter durchstiegen, damals ein bedeutender Markstein in einer Reihe großer Dolomiten-

Winterbegehungen. Hierzu soll auch die erste winterliche Durchsteigung der Civetta-Nordwestwand vom 28. Februar bis zum 7. März 1963 erwähnt sein, die Ignazio Piussi, Giorgio Redaelli und Toni Hiebeler gelang.
Die derzeit höchsterreichte Kletterschwierigkeit in Dolomitenwänden dürfte irgendwo beim oberen achten Grad liegen. Vielleicht wurde sie bei der freien Begehung des Hermann-Buhl-Gedächtnis-Weges in der Rosengarten-Rotwand erreicht, ein Anstieg vom Jahr 1958, der wie manch anderer inzwischen hilfsmittelfrei bewältigt werden konnte, indem die vorhandenen Haken nur zur Sicherung und nicht als Kletterhilfe benutzt worden sind.
Herausragende Leistungen verbinden sich in den zurückliegenden vierzig Dolomitenjahren neben den bereits genannten mit Namen wie Eisenstecken, Lacedelli, Maestri, de Francesch, Livanos, Brandler, Desmaison, Schrott, Aste, Barbier, Steinkötter, später Messner, Gogna, Goedeke, Casarotto, Rusconi, Schiestl, Rieser, Mariacher, Louisa Jovana und anderen. Dabei hat sich das »Königreich« der hohen Schwierigkeitsgrade und idealen Routen während der letzten Jahre auf die zahlreichen begeisternden Neuanstiege in der Marmolada-Südwand verlagert, die heute als Hochburg des extremen Dolomitenkletterns gilt.

Dieter Hasse

Julische Alpen

Die Julischen Alpen bilden den mächtigsten Ostpfeiler der südlichen Kalkalpen. Noch weiter östlich liegen nur noch die Steiner Alpen und das Bachergebirge. Im Norden bilden das Kanal- und das Saretal die Grenze zu den Karnischen Alpen und Karawanken. Im Westen geht das Gebirge in die Ebene von Friaul über, südlich berührt es entlang den Flüssen Soča und Idrijza das Dinarische Bergmassiv und südöstlich fällt es ab in das Becken von Ljubljana (Laibach), der Hauptstadt Sloweniens. Heute gehört der größte Teil der Julischen Alpen zu Jugoslawien, ein kleiner Teil im Westen liegt in Italien.
Bis in die Zeit des Erdmittelalters (Mesozoikum) war dort, wo heute die mächtigen und herrlich geformten Berge stehen, der Grund des Tethys-Meeres. Die Fossile von Muscheln, Ammoniten und Megalodonten zeugen vor allem in dem Gebiet um den Canin (2587 m) und dem Tal der Triglavseen davon. Über einen Zeitraum von 140 Millionen Jahren lagerten sich dort mächtige Kalk- und Dolomitschichten ab.
Später begann sich der Meeresboden durch seitlichen Druck zu heben und zu falten, so daß Berge entstanden. Die Gletscher der folgenden Eiszeiten haben dann den Bergen ihr heutiges Aussehen gegeben: riesige Wände, scharf herausgearbeitete Gipfel, wild zerrissene Grate neben romantischen Tälern mit einer einzigartigen, sehenswerten Flora.
Die Julier, wie die Julischen Alpen fast liebevoll abgekürzt werden, bieten Natur-

schönheiten im Überfluß, haben aber auch ihre Ursprünglichkeit weitgehend bewahren können. Ihren Namen erhielten sie bereits in der Antike von der Siedlung Forum Julii, die auf die römische Patrizierfamilie der Julier zurückzuführen ist und an der Stelle des heutigen Cividale in der Friauler Ebene stand.

Gemeinhin wird zwischen den östlichen und westlichen Juliern unterschieden. Die geographische Grenze wird durch die Flüsse Zilica, Koritnica, Soča und den Predilpaß markiert. Der östliche Teil umfaßt sieben Berggruppen, jede bezeichnet nach ihrem größten bzw. charakteristischsten Berg. Westlich vom Vršič-Sattel sind es der Mangart (2678 m), Bavški Grintavec (2344 m) und der Jalovec (2643 m) mit den Ponzen; östlich vom Vršič-Sattel erstrecken sich auf engem Gebiet bis zur Luknjascharte der Prisajnik (2547 m), Razor (2601 m) und die Škrlatica (2748 m) mit der Martuljkgruppe. Von der Luknjascharte erhebt sich weiter nach Osten das gewaltige Massiv des Triglav (2863 m). In den westlichen Julier bilden der Canin (2587 m), über den die Staatsgrenze zwischen Italien und Jugoslawien verläuft, der Wischberg (Jôf. Fuart, 2666 m) und der Montasch (Jôf. di Montasio, 2751 m) die Hauptgruppen. Die beiden letzteren liegen ganz auf italienischem Boden.

Die Erschließungsgeschichte der Julier ist vor allem die Geschichte des Julius Kugy (1858–1944). Bereits in früher Jugend wurden die Julier zu seinem bergsteigerischen Traumland, dessen systematische Erschließung zu seiner wichtigsten Lebensaufgabe wurde. An seine Verdienste erinnern ein Denkmal an der Straße zum Vršičpaß und eine Gedenktafel am Fuße des Montasch. Sein schriftstellerisches Talent und sein unermeßlicher Erfahrungsschatz machen Kugys Berichte auch heute noch für alle Berginteressierten lesenswert. Über seinen geliebten Triglav, den Höchsten der Julier, schrieb er: »Es gab eine Zeit, wo ich immer wieder zu ihm zurückkehren mußte. Ich harrte auf seiner Spitze des Aufgehens der Sonne, sah sie von dort glorreich untergehen, verbrachte halbe Tage auf seinem Gipfel, und hätte ich damals gewußt, was ein Schlafsack ist, so hätte ich oben mehr als eine Nacht verträumt.«

Triglav! Sein Name wird von einer dreiköpfigen Gottheit (tri = drei, glava = Kopf) abgeleitet, die Herrscherin über Luft, Wasser und Erde gewesen sein soll – ein wahrhaft treffender Name für diesen gewaltigen Berg. An schönen Sommertagen zieht der heute mit gut markierten Wegen und versicherten Steiganlagen versehene Triglav ganze Heerscharen von Bergbegeisterten an. Es gibt in den Alpen wohl kein anderes Bergmassiv, das ähnlich ausgezeichnet erschlossen ist wie dieses. Besteigungen auf den Normalrouten sind ohne Schwierigkeiten durchzuführen.

So wundert es nicht, daß bereits sehr früh seine Eroberung gelang. Die erste erfolglose Initiative hierzu ging 1777 von dem Naturwissenschaftler Belsazar Hacquet aus, der später auch die Besteigung des Großglockners anregte. Ein Jahr später, am 26. August 1778, standen dann der Arzt Lorenz Willomitzer, ehemals Student von Hacquet, der Jäger Stefan Rasizh und die beiden Bergknappen Mathäus Kos und Lukas Koroschetz auf dem höchsten Punkt des Triglav.

Beinahe 130 Jahre vergingen, bis seine furchterregende Nordwand bezwungen werden konnte, die den imposanten Abschluß des schönen Vratatales bildet. Sie ist

mit 1500 Metern Höhenunterschied eine der höchsten Wände der Ostalpen. Am 9. und 10. Juli 1906 glückte Dr. Felix König, Hans Reinl und Karl Domenigg der erste Durchstieg. Dies war der Beginn der Erschließung aller schwierigen Wände in den Juliern. Heute führen durch die Triglav Nordwand über zwanzig Routen mit Schwierigkeitsgraden von III bis VII.
Schöne und schwierige Klettereien bietet auch der Jalovec, das riesige Felshorn am Ende des Planicatals. Allerdings: »Der Jalonc (Jalovec) ist kein leichter Berg, keiner seiner Anstiege darf unterschätzt werden. Es liegt etwas Trotziges und Herausforderndes in seinem Wesen, Miene und Haltung sind die eines verwegenen Raufboldes, der sich unnahbar dünkt: ›Komm heran, wenn Du Schneid hast!‹« (Kugy).
Bereits nach dem Ersten Weltkrieg wurde auch die Nordwand des pyramidenförmigen Špik, der kühnsten Berggestalt der östlichen Julier, durchklettert, damals eine Sternstunde des europäischen Alpinismus.
Aber nicht nur Kletterer finden in den Julischen Alpen hervorragende Ziele. Für Wanderfreunde bieten sich hier Möglichkeiten wie kaum in einer anderen Alpengruppe. Zahlreiche tiefe Täler mit lieblichen Seen und beeindruckenden Talschlüssen sowie gut markierte Höhen- und Gipfelwege – beispielsweise rund um den Triglav oder der Montasch-Höhenweg –, erwarten den Besucher. Quer durch die Julier verläuft die Slowenische Berg-Transversale, ein achthundert Kilometer langer Bergweg von Maribor nach Koper, südlich von Triest, der zu den schönsten Wanderrouten der Alpen zählt. Und bei jedem Schritt wird man von einer üppigen und seltenen Flora begleitet. Der Blumenreichtum zog bereits in den vergangenen Jahrhunderten die Botaniker an, die schließlich auch erheblich zur alpinistischen Erschließung des Gebietes beitrugen. Zum Schutz der geologischen und botanischen Besonderheiten wurde am Triglav eine Fläche von 84 000 Hektar in einen Nationalpark eingebracht.

Peter Ščetinin

Berner Alpen

Das Bergland südöstlich oberhalb von Bern, zwischen Aare und Rhône, gehört sicher zu den faszinierendsten und schönsten Landschaften der Alpen. Die unbeschreiblichen Kontraste zwischen bizarren Eisgiganten, zerklüfteten Gletschern in unmittelbarer Nähe bunter Alpmatten, staubender Wasserfälle und kristallklarer Seen begeistern das Auge eines jeden Besuchers.
Die Berner Alpen sind der Fläche nach die größte Gruppe der gesamten Schweizer Bergwelt. Sie erstrecken sich mit einer Breite von bis zu siebzig Kilometern und einer Länge von 85 Kilometern vom Sanetschpaß in Nordostrichtung bis hin zum Grimselpaß. Die Umgrenzung der Berner Alpen stimmt nicht mit der politischen Grenze des Kantons Bern überein. Der flächenmäßig größte Teil, die Südabdachung, gehört zum Kanton Wallis. Die Kantonsgrenze verläuft mit kleineren Abwei-

chungen entlang des Hauptkammes dieser Kette. Die Nordabdachung der Berner Alpen ist das Berner Oberland, mit Brienzer und Thuner See. Haupttal des Berner Oberlandes ist das Aaretal, im Oberlauf Haslital genannt.
Geologisch bilden die Berner Alpen ein ungewöhnlich vielgestaltiges Bild. Der Westteil mit der Wildhorngruppe ist Bestandteil der Helvetischen Decke und besteht somit aus Kreide- und Jurakalk. Der zentrale Teil mit der Finsteraarhorngruppe ist hingegen aus Urgestein (Gneis, Schiefer, Granit) aufgebaut. Im Norden davon schließen sich mit den Engelhörnern, Wellhörnern, dem Wetterhorn und Eiger wieder Kalkgipfel an.
Neun Gipfel ragen über die magische Viertausendergrenze: Finsteraarhorn (4273 m), Aletschhorn (4195 m), Jungfrau (4158 m), Mönch (4099 m), Schreckhorn (4078 m), Groß Fiescherhorn (4048 m), Groß Grünhorn (4043 m), Lauteraarhorn (4042 m) und Hinter Fiescherhorn (4025 m). Diese Viertausender werden eingerahmt von einer weitgehend zusammenhängenden Gletscherfläche von mehr als dreihundert Quadratkilometern, die etwa ein Viertel der gesamten Gletscherfläche der Schweiz darstellt. Der bekannteste Gletscher der Berner Alpen ist der Große Aletschgletscher, zugleich der größte und längste in den gesamten Alpen. Nicht zu vergessen der Fiescher-, Unteraar-, Oberaletsch und Untere Grindelwaldgletscher, die ebenfalls zu den sechs größten der Schweiz gehören.
Infolge der Topographie und des Niederschlagsreichtums bietet diese Region ideale Bedingungen zur Entstehung und Erhaltung des Gletschereises. Nirgendwo anders reichen die Gletscherzungen so tief in die Täler. Der Grindelwaldgletscher, ein Beispiel dafür, trug deshalb früher den Beinamen »Gletscher der Stutzer und Damen«. Im Vergleich zur Zeit noch vor wenigen hundert Jahren haben die Gletscher jedoch deutlich an Ausdehnung verloren.
Die gesamten Berner Alpen sind deutschsprachig, lediglich im Südwesten führen sie in das französische Sprachgebiet des Wallis. Das Hauptsiedlungsgebiet erstreckt sich entlang des Aareflußlaufs und seiner Seen, angefangen bei Innertkirchen im Haslital nach Westen über Meiringen, Brienz, Interlaken bis nach Spiez und Thun. Auf dieses große, stark besiedelte Haupttal der Aare stoßen von Süden, aus den Bergen herabziehend, drei ausgeprägte Talkammern, die sich im oberen Bereich in mehrere Seitentäler verästeln: im Westen mündet bei Spiez das Frutigental, das sich weiter oben bei Frutigen in das Engstligental und das Kandertal aufteilt. An deren Ende liegen Adelboden und Kandersteg, längst internationale Begriffe des Sommertourismus und Wintersports. Das ein wenig westlich gelegene Simmental entspringt zwar mit seinen Seitenarmen ebenfalls im Hochgebirge, hat aber Voralpencharakter; sanfte Hänge, liebliche Wiesen und viel Wald – das Saanenland, wie diese weitläufige Tallandschaft auch genannt wird. Im Osten bildet zwischen dem Thuner- und Brienzer-See Interlaken den Ausgangspunkt des Lütschinentals, das sich bei Zweilütschinen in das Lütschen- oder Grindelwaldtal (Schwarze Lütschine) und in das Lauterbrunnental (Weiße Lütschine) teilt. Das Lauterbrunnental, ein Muster eines steilwandigen Trogtales, ist mit seinen bis zu achthundert Meter hohen Wandfluch-

ten eines der beeindruckendsten Täler der Alpen. Auf deren Terrassen befinden sich die autofreien Dörfer Mürren und Wengen. Unter seinen zahlreichen Wasserfällen sind der Staubbachfall und die Trümmelbachfälle weltberühmt.
Diese Täler mit ihren tiefen Gebirgseinschnitten stellen natürliche Nord-Süd-Verkehrsverbindungen zwischen dem Berner Oberland und dem Wallis her. Von West nach Ost sind es der Sanetschpaß aus dem Saanenland, der Rawilpaß aus dem oberen Simmental, der Gemmipaß aus dem Kandertal und der Petersgrat aus dem Lauterbrunnental. Alle diese Übergänge liegen deutlich über zweitausend Meter, sind bloße Saumpfade und oft selbst im Sommer nicht schneefrei. Den einzig wintersicheren Verkehrsweg ins Wallis stellt die Eisenbahnverbindung durch den Lötschbergtunnel dar.
Weiter östlich, im Gebiet des Finsteraarhorns, schnitten die mächtigen Gletscherströme ebenfalls Übergänge in diese Alpenkette, die jedoch nur Hochalpinisten vorbehalten bleibt. Eine modern ausgebaute Straße führt nur über den Grimselpaß, der das Oberhasli mit dem oberen Goms verbindet.
Wesentliche Erwerbsgrundlage für die Bevölkerung ist seit jeher die Alp- und Forstwirtschaft. Dabei hatten es die Bewohner der offenen und fruchtbaren Täler im Westen, also des Saanen-, Simmen- und Kandertals, sicher leichter als ihre Nachbarn in den wesentlich wilderen Lütschinentälern. Von teilweise stattlichem Wohlstand in früherer Zeit zeugen die prachtvollen Bauernhäuser, von denen einige wahre Kunstwerke sind. Verglichen damit hatten die Bauern auf der Südseite des Hauptkammes, also in den Tälern oberhalb des Rhônetals ein karges und hartes Dasein. Es fehlte vor allem an Wasser. Auch heute noch sind diese Gegenden deshalb spärlich besiedelt. In jüngerer Zeit spielt allerdings der Fremdenverkehr eine immer dominierendere Rolle.
Zwar sagt man Bewohnern des Berner Oberlandes eine gewisse Verschlossenheit und Zurückhaltung gegenüber Fremden nach, aber dadurch ließ sich die Entwicklung des Tourismus, der an verschiedenen Orten (vor allem in Grindelwald, Gstaad, Montana und Riederalp) schon beängstigende Ausmaße angenommen hat, nicht aufhalten. Eingeleitet wurde diese Entwicklung im 18. Jahrhundert, also im Zeitalter der »Schweizer Reisen«, durch Schwärmer, Dichter und Maler, die in Schrift und Bild für die Bekanntmachung dieses Gebietes sorgten. Hauptanziehungspunkte für diese Künstler waren vor allem das Haslital (Rosenlaui, Handegg, Grimsel und Lauteraargebiet) und die Lütschinentäler.
In der ersten Hälfte des 19. Jahrhunderts betraten dann die Naturforscher die Szene, getrieben von dem Wunsch, Entstehung und Beschaffenheit der Natur nicht nur im Kämmerchen des vergeistigten Wissenschaftlers, sondern in der rauhen Wildnis unbekannter Alpentäler und abweisender Gletscher zu entdecken. Erste glaziologische Feldstudien wurden von F. J. Hugi, L. Agassiz und E. Desor auf dem Unteraargletscher unternommen.
In diese Zeit fallen auch die ersten Gipfelbesteigungen, um physikalische Messungen durchzuführen und topographische Karten und Panoramen anzufertigen. Die eigent-

liche bergsteigerische Erschließung und sportliche Eroberung erfolgte erst in der zweiten Hälfte des 19. Jahrhunderts. Allerdings glichen in diesem »Goldenen Zeitalter« des Alpinismus, in dem vor allem die Engländer die treibende Kraft waren, die Besteigungen eher einer »kriegerischen Landnahme«: Kriegsrat, Belagerung, Wettrennen, Angriff, Fahnen hissen. Die wichtigsten Erstbesteigungsdaten: Jungfrau 1811 (eine der frühesten Viertausender-Eroberungen), Finsteraarhorn 1812/1829, Lauteraarhorn 1842, Wetterhorn 1844, Mönch 1857, Eiger 1858, Aletschhorn und Bietschhorn 1859, Schreckhorn 1861, Groß Fiescherhorn 1862, Lauterbrunner Breithorn und Groß Grünhorn 1865. In diese Zeit fallen auch die großen und schwierigen Eisanstiege von Norden auf Jungfrau (Guggiroute, 1864) und Mönch (Nollen, 1865), die die Ära des modernen Alpinismus einleiteten.

Für den Besucher bieten die Berner Alpen nahezu unerschöpfliche Möglichkeiten, egal ob er als Bergsteiger, Wanderer, Skifahrer, Kajakfahrer oder nur als Sommerfrischler sich erfreuen will.

Insbesondere die Jungfrauregion zählt zu den durch Bergbahnen am besten erschlossenen Gebieten in den Alpen. Bergsteigern oder Skitourengehern werden dadurch die schweißtreibenden Anstiege erleichtert; alpinistisch unerfahrenen Besuchern ermöglichen sie, die grandiose Bergszenerie gleichsam hautnah zu erleben.

Trotz der Beliebtheit, der sich vor allem das Berner Oberland erfreut, finden sich noch zahlreiche stille Bergwinkel und einsame Täler, in denen man Ruhe findet, träumen, Pläne schmieden oder einfach nur die überwältigende Landschaft genießen kann. Solche Plätze sind nicht nur trainierten Hochalpinisten vorbehalten, sondern können von jedermann erreicht werden. Nur einige seien erwähnt: das Urbachtal südlich von Innertkirchen im Haslital, aus dem die fast zweitausend Meter hohen Ostwände von Großengelhorn und Hochjägiburg emporragen. Oder das hinterste Rosenlauital mit seinen faszinierenden Gegensätzen aus wilder Fels- und Kletterlandschaft einerseits und lieblicher Alplandschaft andererseits. Auch bei einer Übernachtung in dem gastlichen Berghaus auf dem berühmten Aussichtsberg Niesen (2362 m), der über eine Standseilbahn bequem erreichbar ist, wird man oft nur wenige Gäste antreffen. Abend und Morgen sind dort angesichts des überwältigenden Panoramas ein Genuß.

Seite 193: Das Finsteraarhorn von Südosten. Genau in der Fallinie des Gipfels fällt der »Ostsporn« auf das obere Studerjoch ab; über ihn führt eine sehr schöne und schwierige Route. Im Vordergrund das Oberaar-Rothorn. Im Hintergrund links die Viertausender Groß-Grünhorn, Mönch und Hinter Fiescherhorn.

Seite 194: Das Grindelwalder Wetterhorn (links) und Mittelhorn von Westen. Das Wetterhorn ist einer der schönsten und interessantesten Gipfel der Berner Alpen. Sein vielgestaltiger Aufbau ermöglicht dem erfahrenen Alpinisten eine Fülle verschiedenartiger Anstiege in Fels und Eis. Im Vordergrund das Lauberhorn, im Hintergrund links der Titlis.

Seite 195: Eiger (links) und Mönch von Westen. Die berüchtigte Nordwand des Eiger (im Schatten) zählt zu den höchsten Wänden der Alpen. Rechts in der Sonne die Westflanke, über die der Normalanstieg verläuft. Die klassische Route auf den Mönch führt rechts vom Gipfel durch die Eiswand, an dessen Fuß der »Nollen« ist, die Schlüsselstelle der Tour.

Seiten 196/197:
Die Jungfrau im Winter von Nordwesten. In der Bildmitte die monolithische Felswand des Rotbretts. Vom Gipfel fällt der mächtige Ostgrat in mehreren Steilstufen nach links ins Jungfraujoch ab. Nach rechts fällt in gerader Linie der innere Rottalgrat ins Rottal. Über diesen Grat verläuft die wohl schönste klassische Route auf die Jungfrau.

Seite 198:
Ebenefluh von Norden. Die Nordwand (größtenteils im Schatten) ist zwischen 50 und 55 Grad steil und fällt ins Rottal ab. Sie gehört zu den beliebtesten Eiswänden der Berner Alpen. Im Hingergrund der Gipfel des Aletschhorns.

Seite 199:
Lauterbrunner Breithorn von Nordosten. Die Normalroute verläuft über den Westgrat, der in der Wetterlücke, dem breiten Firnsattel zwischen Breithorn und Tschingelhorn, fußt. Am linken Bildrand der Westgipfel des Großhorns. Im Hintergrund Gran Combin (Bildmitte) und Montblanc (rechts außen).

Seite 200:
Die dreigipfelige Blümlisalpgruppe besteht aus Morgenhorn, Weiße Frau und Blümlisalphorn (von links nach rechts). Darunter der durch einen Bergsturz gestaute Oeschinensee. Für geübte Alpinisten bietet die Überschreitung der Blümlisalpgruppe eine der schönsten Eisfahrten der gesamten Alpen.

Seite 201:
Das Bietschhorn von Süden. Die mächtige Südwand wird nur selten bestiegen; die starke Gliederung der Wand in unzählige Couloirs, Rippen, Türme und Terrassen verlangt Spürsinn bei der Routenwahl. Rechts der Südwand der mit Türmen gespickte Nordostgrat. Im Hintergrund Lauterbrunner Breithorn, Großhorn, Jungfrau und Mönch (von links nach rechts).

Seiten 202/203:
Glacier de la Plaine Morte von Norden. Diese ebenmäßige Firnhochebene liegt zwischen Wildstrubel und Gletscherhorn. Eine Seilbahn führt von Montana herauf. Im Hintergrund die Walliser Alpen von der Dufourspitze (links) über das Matterhorn zur Dent d'Hérens (rechts).

Seite 204:
Balmhorn, Altels und Groß Rinderhorn (von links nach rechts) von Norden. Davor die Fifistöcke; im Vordergrund rechts die dunklen Felsen der »Drei Eidgenossen« und des Zallerhorn. Im Hintergrund rechts der Gran Combin.

Seite 205:
Das Matterhorn von Osten. Rechts der Hörnligrat, über den 1865 die Erstbesteigung erfolgte. Diese Route wird heute sehr oft begangen. Die vollendete Form und die exponierte Lage machen das Matterhorn zum Traumziel vieler Bergsteiger.

Seiten 206/207:
In der Mitte das Massiv des Monte Rosa mit insgesamt zehn Gipfeln von Nordwesten. Von dieser Seite kann der Monte Rosa mit Skiern bestiegen werden. Rechts die beiden Gipfel der Lyskamm (im Schatten), deren Nordwand schwierigste Gletschertouren bietet.

Seite 208:
Lyskamm Nordwand (Westgipfel), 1961 von Toni Hiebeler und Heinz Pokorski bei schwierigsten Verhältnissen erstmals durchstiegen. Die 1080 m hohe Wand birgt auch für gute Bergsteiger große Gefahren.

Seite 209:
Mischabelgruppe von Westen mit Dom (links) und Täschhorn (rechts). Die beiden Gipfel bestimmen das Bild von Saas-Fee; ihre Überschreitung ist eine beliebte Tour. Der Teufelsgrat im Vordergrund wurde am 16. 7. 1887 von dem Ehepaar Mummery mit Alexander Burgener und J. Andermatten erstmals bestiegen.

Seiten 210/211:
Obergabelhorn, Zinalrothorn und Weißhorn von Süden (von links nach rechts). Sie gehören zu der großen »Krone« von Zinal. Dies ist eines der interessantesten Klettergebiete nicht nur der Walliser Alpen mit zahlreichen Möglichkeiten in allen Schwierigkeitsgraden.

Seite 212:
Dent Blanche von Nordwesten. Rechts der Ferpècelegrat, 1889 erstmals begangen; in der Mitte der Nordgrat, Erstbesteigung 1928; links (im Schatten) die Nordwand, Erstbesteigung 1932. In diesen Jahreszahlen spiegelt sich auch die Entwicklung des Alpinismus.

Seite 213:
Dent d'Hérens Nordwand. »Sie ist gezackt wie der schuppige Panzer eines Ungeheuers« schrieb Dr. Hofmeister 1924 über diese Wand. Erstbegehung am 10. August 1925 durch Willo Welzenbach und Eugen Allwein. Heute noch wird dieser Nordwand großer Respekt entgegengebracht.

Seiten 214/215:
La Ruinette Nordwestwand in der Montblanc de Cheilon-Gruppe. Erstbesteigung durch Edward Whymper mit den Führern Christian Almer und Franz Biner am 6. Juli 1865. Einige Tage später bezwang Whymper das Matterhorn.

Wer gut zu Fuß ist, sollte sich den Panorama-Höhenweg vom First (2168 m) über Grindelwald zur Schynigen Platte (2076 m) über Wilderswil nicht entgehen lassen, auf dem der Wanderer ständig von der imposanten Kulisse von Eiger, Mönch und Jungfrau begleitet wird. Den alpinistisch erfahreneren Besucher wird die Schildhornrunde, eine hochalpine Wanderung rund um das Lauterbrunnental, locken. Allerdings muß er sich dafür knapp eine Woche Zeit nehmen.
Für den Bergsteiger bieten die Berner Alpen ein wahres Dorado. Extreme Felskletterer finden beispielsweise an den Engelhörnern, am Wetterhorn oder am Rothorn schwierigste Routen. Ebenso bleiben zahlreiche Routen am Bietschhorn, eine der schönsten und eindrucksvollsten Berggestalten der Berner Alpen, nur ausgezeichneten Kletterern vorbehalten. Für Eisliebhaber sind Namen wie Ebnefluh, Großhorn, Studerhorn oder die dreigipfelige Blümlisalpgruppe, um nur einige zu nennen, Standardnamen in der Tourenliste.
Den bergsteigerischen »Normalverbraucher« locken allerdings weder Eiswände noch Extremrouten, sondern die klassischen, kombinierten Anstiege, wie zum Beispiel der Rottalgrat der Jungfrau, der Nordostgrat des Lauterbrunner Breithorns oder der Südwestgrat des Aletschhorns.
Der außergewöhnlichste Berg in den Berner Alpen ist sicher der Eiger (3970 m). Mit seiner an einen gewaltigen Eckzahn erinnernden Form bildet er mit Mönch und Jungfrau das berühmte Dreigestirn, Herzstück der Berner Alpen. Aber nicht nur die grandiose architektonische Harmonie dieses Bergstocks brachte den Eiger zu seiner Berühmtheit. Vor allem ist es seine düstere Wand, die sich nach Norden in ihren riesigen Dimensionen öffnet. Diese Nordwand ist die berühmteste und berüchtigste Kletterwand der Alpen. Keine Wand erlebte so zahlreiche Tragödien, über keine Wand wurde mehr geschrieben.
Nachdem Anfang der dreißiger Jahre fast alle großen Alpenwände ihre Eroberer gefunden hatten, übte diese mit ihren 1800 Metern höchste Steilwand der Alpen natürlich eine besondere Faszination aus. Die ersten Nordwandversuche 1935, 1936 und 1938 scheiterten, jeweils mit tödlichem Ausgang. Steinschlag, Lawinen und Erschöpfung forderten dabei neun Todesopfer. Nicht die klettertechnischen Schwierigkeiten, sondern völlig unberechenbare Wetterverhältnisse, ständiger Steinschlag, Eis- und Schneelawinen machen die Eigerwand auch heute noch zu einem äußerst gefährlichen Unternehmen. Die erste Durchsteigung glückte endlich vom 20. bis 24. Juli 1938 den beiden Bayern Anderl Heckmair und Ludwig Vörg sowie den Österreichern Fritz Kasparek und Heinrich Harrer. Damit waren die letzten großen bergsteigerischen Probleme der Alpen gelöst.
Lange Zeit wurde eine Besteigung im Winter für unmöglich gehalten. 1961 war jedoch eine neue Sensation perfekt. In der Zeit vom 6. bis 12. März glückte Toni

---

Seite 216: Gran Combin von Westen. Er bildet ein eigenes Gebirgsmassiv mit vier Gipfeln. Über den »Korridor«, einen sehr gefährlichen Anstieg, kann er auch mit Ski bestiegen werden. Trotz seiner Größe bietet der Combin nur wenig interessante Touren. Er bildet den westlichen Abschluß der Walliser Alpen.

Hiebeler, Toni Kinshofer, Anderl Mannhardt und Walter Almberger die erste Winterdurchsteigung. In der Folgezeit kamen zu dem klassischen Anstieg der Erstbegeher zahlreiche neue Routen hinzu, die zum Teil mit wahren Materialschlachten verbunden waren.
Den vorläufigen Schlußpunkt der Nordwand-Eroberungen setzten vom 10. bis 28. März 1985 die drei in der Schweiz lebenden Tschechen Čestmír Lukeš, Michal Pitelka und Jiří Šmíd unter äußerst schwierigen Wetterbedingungen. Ihrem rechts der Wandmitte und der Japanerroute verlaufenden neuen Direktanstieg gaben sie den Namen Toni-Hiebeler-Gedächtnis-Route. Damit setzten sie ihrem Freund ein bleibendes Denkmal in der Wand, die ihm mit der Wintererstbegehung seinen größten alpinistischen Erfolg bescherte.

Werner Munter

Walliser Alpen

Die Walliser Alpen nehmen im weiten Halbkreis der Alpen einen besonders schönen Platz ein. Der Begriff ›Walliser Alpen‹, vom Schweizer Kanton Wallis abgeleitet, wird in den deutschsprachigen Ländern und im französischen Sprachkreis (hier spricht man von den ›Alpes Valaisannes‹) verwendet. Eigentlich befinden wir uns aber in den »Penninischen Alpen«, so werden sie in Italien genannt. Der Gott Penn wurde nach einer Überlieferung im Gebiet des St. Bernhard-Passes als lokale Gottheit verehrt. Eine andere Theorie leitet den Namen von dem alten keltischen Wort »pen« für Bergkuppe ab – vielleicht die plausiblere Erklärung, da es im gleichfalls keltisch besiedelten England eine Bergkette gleichen Namens gibt.
Den nördlichen Teil des Gebietes bildet das schweizerische Wallis. Die Rhône schuf in ihrem Oberlauf, parallel zum Hauptkamm der Alpen, ein weites Becken. Etwa fünfzehn Seitentäler führen aus den Bergen zu dem beherrschenden Fluß. Die wichtigsten sind das Saaser Tal mit Saas-Fee, das Matter Tal mit Zermatt, das Val de Zinal mit Zinal und das Val d'Hérens mit Les Haudères. Im Süden der Bergkette verläuft ein anderes großes Tal, das Aostatal. Hier fließt die Dora Baltea, die in den Po mündet. Auch hier führen langgestreckte Nebentäler ins eigentliche Bergmassiv, so die Valle Anzasca mit Macugnaga am Fuße der riesigen Monte-Rosa-Ostwand und das Valtournanche mit Breuil/Cervinia auf der Südseite des Matterhorns.
Die Penninischen Alpen erstrecken sich vom Montblanc im Westen bis zu den Lepontinischen Alpen im Osten. Der Große St. Bernhard-Paß, die Grenze zum Montblanc, wurde schon im frühesten Altertum überschritten. Später legten die Römer hier eine Straße an. Die Strecke blieb, trotz der Straße, gefährlich, ständig von Lawinen bedroht. Auf der Paßhöhe ließen die Reisenden deshalb Münzen und andere Opfergaben zum Dank an lokale Gottheiten zurück.
Im Jahr 1049 errichteten Mönche hier ein Hospiz, um den Reisenden Zuflucht zu

bieten. Dieses Hospiz wurde durch seine Bernhardinerhunde weltberühmt. Die Straße, die heutzutage hier verläuft, ist den Winter über geschlossen, ein Straßentunnel ermöglicht aber ganzjährig die Durchquerung der Alpen. Im Osten der Kette liegt der Simplon-Paß, unter dem heute ein Eisenbahntunnel durchführt. Die erste Straße ließ hier Napoleon anlegen. Dieser war seinerzeit so beeindruckt von den Hilfen, die er im Hospiz von St. Bernhard erfuhr, daß er befahl, hier am Simplon auch ein Hospiz zu errichten, das der gleiche Orden führen sollte. Über beide Pässe zogen Napoleons Armeen auf ihren Kriegszügen nach Italien.
Im Westen und Osten, nur neunzig Kilometer voneinander entfernt, begrenzen also diese beiden Pässe die Walliser Alpen. Der Bereich zwischen ihnen gehört den Bergsteigern. Es gibt hier nicht einen leichten Übergang, auch Bergbahnen bieten keine Hilfe. Der Theodulpaß ist noch zu nennen. Er liegt im Zentrum der Kette, wird auch schon seit sehr langer Zeit benutzt, ist aber mit seinen 3290 Metern Höhe nur Bergsteigern zugänglich.
Die Kette der Walliser Alpen weist Gipfel auf, die nicht nur zu den höchsten, sondern auch zu den schönsten der Alpen zählen. Der Montblanc hält zwar mit seinen 4810 Metern Höhe den absoluten Rekord, in allen anderen Bereichen halten die Penninischen Alpen dem Vergleich aber durchaus stand. Mit dem Matterhorn (4478 m), dem symbolträchtigen und vollkommenen Gipfel, kann kein Berg Europas konkurrieren. Grand Combin (4314 m), Dent Blanche (4357 m), Weißhorn (4505 m), Dom (4545 m), Täschhorn (4491 m), Weißmies (4023 m), Fletschhorn (3996 m), das Massiv des Monte Rosa (4554 m) – ein Gipfel schöner als der andere, und welche Vielfalt bieten sie dem Bergfreund! Allein im Monte Rosa-Massiv erreichen zehn Gipfel die Viertausend-Meter-Höhe, darunter die Pointe Dufour, mit 4634 Metern der höchste Berg der Schweiz.
Im Vergleich mit dem Montblanc läßt sich der Charakter dieser Berggruppe am besten herausstellen. Der Montblanc hat, aus großer Tiefe, mit seinem Kern aus Granit buchstäblich die Schichten des Sedimentgesteins aufgebrochen. Dadurch ist der eigentliche Bergstock leicht zu erreichen, zumal das Gebiet relativ klein und durch Seilbahnen und Zahnradbahnen weitgehend erschlossen ist. Im Gegensatz dazu ragen die Gipfel der Penninischen Kette aus einer imposanten Masse kristallinen Schiefers auf, der sich vom Rhônetale bis zum Aostatal und in die Ebenen Piemonts erstreckt. Die großen Berge sind nur mühselig über zerklüftete Täler zu erreichen, jeder Gipfel muß für sich erobert werden. Weite Strecken sind zurückzulegen, der Anstieg zur Hütte ist lang und beschwerlich. Nur in wenigen größeren Orten, wie in Zermatt oder Saas-Fee, findet man Seilbahnen.

Jahrhundertelang überschritten die Menschen die Pässe nur aus zwingenden Gründen, und nur allmählich setzte sich eine neue Einstellung zum Berg durch. So wagte schon im Jahr 1779 ein humanistisch gebildeter Mönch aus dem Hospiz von St. Bernhard namens Laurent Joseph Murith die Besteigung des Mont Velang (3731 m). 1786 wurde dann, auf Betreiben von Horace Bénédicte de Saussure, der Montblanc bezwungen. In diese Zeit legt man den Beginn des Alpinismus. Zwischen 1813 und 1855 wurden zehn der höchsten Walliser Berggipfel bestiegen. Breithorn, Piramide Vincent, Zumsteinspitze, Ludwigshöhe, Signalkuppe, Strahlhorn, Punta Gnifetti, Fletschhorn, Pointe Dufour, Weißmies – das sind mit ihren schneebedeckten Flanken alles relativ leichte Gipfel, aber für Bergsteiger wichtige Ziele, die ihre Umgebung weit überragen. Sie alle erreichen zwischen 3996 und 4634 Meter Höhe. Die »Bergsteiger der ersten Stunde« waren vor allem die Schweizer, Italiener und Deutschen, die in den Tälern ansässig waren. Später erschienen dann die Engländer, und sie nahmen sich den Löwenanteil am Ruhm der Erstbegehungen. 26 von 40 Gipfeln fielen ihnen zu. Die Engländer waren es auch, die mit ihrem ›Alpine Club‹ den ersten Verein zur Förderung des Bergsteigens gründeten. Für ihre Unternehmungen engagierten sie ortsansässige Führer, vor allem Schweizer. Hier fanden sich große Namen, wie Christian Almer oder Alexander Burgener. Auch in Chamonix gab es berühmte Führer, so Michel Croz oder Joseph Payot. In Italien, in Breuil, lebte Jean Antoine Carrel.

Manche Gipfel haben länger Widerstand geleistet. Teils war der Anstieg schwieriger, teils aber auch der Anmarsch komplizierter und weiter. So blieb vor allem das Matterhorn lange ein Ziel leidenschaftlicher Sehnsucht. Zwei Männer traten schließlich aus der großen Zahl der Bewerber in den Vordergrund: Edward Whymper und Jean Antoine Carrel. Whymper war Engländer, als Zeichner angestellt in einem Verlag. Seine Arbeitgeber schickten ihn in die Alpen. Als er das Matterhorn sah, war er hingerissen. Er wußte, daß er alles dransetzen würde, um diesen Berg zu bezwingen. Vom blutigen Anfänger ›diente‹ er sich hinauf zum angesehenen Alpinisten, führte staunenswert viele Erstbegehungen durch, aber seine Gedanken waren immer beim Matterhorn.

Jean Antoine Carrel war Italiener, geboren in Valtournanche, und elf Jahre älter als Whymper. Schon als kleiner Bub hatte er das Matterhorn bewundert, und immer stärker wurde sein Wunsch, diesen Berg zu besteigen. Carrel hatte wenig Geld, er war ein einfacher Jäger, galt aber als der beste Bergsteiger seiner Zeit. Er verdingte sich als Bergführer, manchmal auch bei Whymper, weil er bei jedem Versuch den Berg besser kennenlernte. Er wußte aber, daß im Falle eines gemeinsamen Sieges sein Name nur an zweiter Stelle erscheinen würde. Whymper war die beherrschende Persönlichkeit. Carrel wollte den Berg von ›seiner Seite‹ aus, über den italienischen Südgrat, bezwingen, kein anderer sollte teilhaben am Erfolg. Whymper dagegen war nicht am Fuß des Matterhorns geboren. Ihm war jede Anstiegsroute recht, wenn sie nur zum Erfolg führte, jeder Seilgefährte, wenn er den Strapazen gewachsen war.

Im Jahr 1865 unternahm Whymper seinen siebten Versuch. Ein Alleingang war vierhundert Meter unterhalb des Gipfels gescheitert. Whymper wollte Michel Croz als Führer engagieren, aber Croz hatte ab dem 27. Juni schon anderweitige Verpflichtungen. So nahm Whymper mit Carrel Kontakt auf. Dieser jedoch hielt ihn hin, er plante ja längst eine Besteigung in eigener Regie. Man schrieb den 11. Juli 1865. Whymper war verbittert. Man hatte ihn an der Nase herumgeführt. Er stand wieder einmal ganz allein, ohne Helfer und Mitstreiter, vor seinem Lebensziel. Zufällig traf er in Breuil auf Lord Francis Douglas, der hierher gekommen war, um mit Carrel Kontakt aufzunehmen. Die beiden Männer verstanden sich sofort. Carrel sollte allein sehen, wie er weiterkam.

Whymper und Douglas überquerten den Theodulpaß. In Zermatt trafen sie auf Michel Croz, der von einem weiteren Briten, Reverend Hudson, ebenfalls für eine Tour aufs Matterhorn engagiert worden war. So fand sich Whymper, der sein Ziel jahrelang allein verfolgt hatte, plötzlich in einer großen Gruppe wieder. Da er das große Können von Michel Croz schätzte, schlug er Hudson vor, die Seilschaften zusammenzulegen. Dieser stimmte zu unter der Bedingung, daß auch sein Freund Hadow an der Expedition würde teilnehmen können. Dieser Hadow war ein eher schwacher Bergsteiger, aber seine Begeisterung für das Matterhorn war so groß, daß Whymper zustimmte – wenn auch widerstrebend.

Am 14. Juli 1865 brachen Whymper, Douglas, Hadow, Hudson und die Führer Croz sowie Vater und Sohn Taugwalder auf. Der Aufstieg über den Hörnli-Grat erschien ursprünglich so schwierig, er stellte jedoch kaum ein Problem dar, zumindest bis zur Schulter, die sie um 9.55 h erreicht hatten. Jetzt wurde es schwierig, doch Michel Croz führte alle phantastisch sicher bis zum Gipfel. Um 13.40 h mußte sich das Matterhorn geschlagen geben.

Wenn sie nun doch nicht die ersten waren? Whymper suchte angstvoll den Schnee nach Spuren ab. Die Italiener waren noch nicht da! Endlich wurden sie gesichtet, weit unten. Whymper und Croz schrieen aus Leibeskräften, sie traten Steine los, um ihren Sieg anzuzeigen. Für Carrel mußte die Enttäuschung furchtbar gewesen sein. Zunächst glaubte er sogar, auf dem Gipfel Gespenster zu sehen. Der große Sieg über den Berg endete tragisch, und in weiten Kreisen wurde nun das Bergsteigen schlechthin in Frage gestellt.

Drei Tage nach Whymper, am 17. Juli 1865, erreichten Jean Antoine Carrel und Jean Baptiste Bich über den italienischen Südgrat (Lionsgrat) den Gipfel. So endete eine lange Rivalität zwischen zwei Männern, die beide vom Matterhorn fasziniert gewesen waren.

Zum erstenmal war damit ein Gipfel über zwei verschiedene Routen erreicht worden. Die Katastrophe löste sehr emotionale Kommentare aus, ebenso heftige Polemik. Dennoch, der Stein war ins Rollen gebracht, und von nun an wurde jeder Berg von allen Seiten aus angegriffen. Hier wurde der Anstoß zur Entwicklung des modernen Alpinismus gegeben. Zuerst wurden die Grate und Kanten begangen, die klar erkennbaren Wege. Bald schon suchten Mutige nach Möglichkeiten, die Wände zu durchsteigen, aber hier war der Fels oft schlecht. Am längsten widerstanden die Nordwände, die meist sehr steil und vereist sind. Nach der Phase der ersten Erkundung kamen immer mehr Bergsteiger. Die ersten »Alleingeher« traten auf, die ersten Frauen fanden zum neuen Sport, auch im Winter wurde jetzt geklettert.

Mit ihren 42 Gipfeln von mehr als viertausend Metern Höhe bleiben die Walliser Alpen für Bergsteiger und Skifahrer ein unerschöpfliches Paradies mit einer ungeheuren Vielfalt von leichten und schweren Touren in Fels und Eis, aber auch einfachen Wanderrouten oder ungefährlichen Gletscherwegen.

Michel Vaucher

Chablais

In der Nordwestecke der Walliser Alpen bei Martigny im Rhônetal schließt nach Nordwesten das Chablais an. Es gehört zum nördlichen Voralpengebiet. Die Berge sind aus Kalkstein, die Formation entstand bei der Faltung der Alpen und des Montblanc-Stockes. Das Chablais umfaßt das Gebiet zwischen dem Montblanc im Süden und dem Genfer See im Norden, etwa fünfzig Kilometer Luftlinie.

Die Gletscher, später dann die Flüsse haben durch Erosion weite Täler geschaffen, über die das Bergmassiv leicht zugänglich ist. Die Steilhänge gehen bald in sanft abfallende Bergrücken über. Hier wächst dichter Nadelwald, eine der Haupteinnahmequellen für die Bewohner. Der Wintersport hat dann, neben der traditionellen Landwirtschaft, neue Verdienstmöglichkeiten eröffnet. In schneesicheren Muldenlagen entstanden Retortenskiorte wie zum Beispiel Flaine und Avoriaz. Zum Glück haben jedoch mehrere Skiorte ihren ursprünglichen Charakter bewahrt, und sogar Skitourenfahrer finden noch weite, unberührte Hänge. Im Sommer ist man dagegen meist allein in diesem idealen Wandergebiet, das herrliche Ausblicke zum Genfer See und bis zum Montblanc gewährt.

Die Gipfel sind meist nur um die zweitausend Meter hoch, außer im Gebiet der Aiguilles Rouges bei Chamonix. Der Buet (3109 m), der Tour Salière (3222 m) und der Dent du Midi (3260 m) sind die höchsten Berge.

Die Kletterer trifft man vor allem im Gebiet der Hauts Forts, der Monts de Grange, der Cornettes de Bise, am Dent d'Oche und am Mont Chauffé. Hier bieten sich zahlreiche kurze Routen im Kalkstein an, oft in schwierigem Gelände: Gras und Kräuter wuchern in diesem regenreichen Gebiet bis hoch in die Felsen.

Die Dents du Midi nehmen eine Sonderstellung ein. Sie bilden eine kleine Bergkette für sich – mit sieben sehr stattlichen »Zähnen«. Der Ostgipfel ragt 2700 Meter hoch über das Rhônetal auf. Das Gebiet ist von Gletschern umfaßt, dessen umfangreichster, der Plan Névé, im Süden liegt. Erstiegen wurden die Dents du Midi bereits vor langer Zeit, schon 1784 erreichte der Pfarrer des kleinen Dorfes Champéry, M. Clément, den Gipfel der Haute Cime (3260 m).

Zahlreiche Hütten bieten sich als Stützpunkte für die Touren an, und anders wären die oft sehr langen Anmarschwege auch kaum zu bewältigen. Vom Gipfel der Dents du Midi öffnet sich ein großartiger Ausblick auf die Rhône, das Berner Oberland, das Wallis und die übrigen Berge des Chablais. Die Anstiegsrouten auf beiden Seiten der Bergkette weisen alle Schwierigkeitsgrade auf, auch die beachtlichen Gletschertouren erfordern einiges Können.

Michel Vaucher

Montblanc

Die Montblancgruppe ist, verglichen mit anderen Westalpengruppen, nicht sehr groß: Die knapp sechzig Kilometer lange und bis zu zwanzig Kilometer breite Bergkette zieht von Martigny im Rhônetal nach Süden und Südwesten bis zum Col du Bonhomme. Die nördlichen Berge gehören zur Schweiz, über den weiteren Hauptkamm verläuft die Grenze zwischen Italien im Süden und Frankreich im Norden. Die wichtigsten Talorte sind das französische Chamonix im Arvetal und das italienische Courmayeur im obersten Aostatal.

Das Montblanc-Hauptmassiv ist technisch perfekt erschlossen: Montblanctunnel und -Seilbahnkette gewähren schnellste Verbindungen zwischen beiden Hauptorten, was der Bergfreund zu schätzen weiß, und was nicht zuletzt auch für Bergrettungseinsätze von großer Wichtigkeit ist. Von den sechzig Alpen-Viertausendern entfallen auf die Montblancgruppe nur vierzehn. Und dennoch gibt es kein Alpengebiet, das auf so engem Raum eine derartige Vielzahl vor allem schwieriger und äußerst schwieriger Routen in Fels und Eis aufweist wie die Montblancgruppe. Allein um sämtliche Anstiege am Montblanc selbst kennenzulernen, braucht es fast ein ganzes Bergsteigerleben. Von der einfachsten Gletscherroute bis zur erschreckend steilen Eiswand, vom simpelsten Felsgrat bis zu senkrechten, teils überhängenden Wandabbrüchen. Die Montblanc-Berge setzen den Maßstab für wirkliches alpinistisches Können. Natürlich gibt es auch in den Berner und Walliser Alpen oder im Dauphiné lange und schwierige Anstiege, aber eben nur einige wirklich große. In der Montblancgruppe muß man Routen für leichte Genußtouren bereits suchen. Da es relativ wenige und meist auch nicht sehr große Hütten gibt, ist der Hochbetrieb in den Montblanc-Stützpunkten berüchtigt und oft ärgerlich. Dafür gibt es aber noch einsame Grate, auf denen man tagelang keinem anderen Bergsteiger begegnet.

Der bergsteigerische Normalverbraucher hat es am »Dach Europas«, wie der Montblanc gern genannt wird, nicht leicht, er muß sich hier weitgehend mit Schauen und Staunen begnügen. Wer aber nicht unbedingt auf einer der tausend granitenen Aiguilles (Nadeln) stehen will und auch von kirchdachsteilen Wänden aus Eis und Fels nicht viel hält, wird auch im Angesicht des »Monarchen« großes bergsteigerisches Vergnügen und Glück erleben. Zum Beispiel auf einem der vielen ungefährlichen Wanderwege, die durch unvergletscherte Bereiche führen und diese grandiose Hochgebirgswelt unvergleichlich mehr erschließen als irgendeine berühmte Fels- oder Eisroute an den Aiguilles von Chamonix.

Halt – die Begeisterung über diese unglaubliche Hochgebirgswelt ist mit mir vorausgeeilt und hat zweihundert Jahre Geschichte übersprungen. Eine Geschichte, die zu den glanzvollsten des Bergsteigens gehört und der wir nicht entsagen können.

Montblanc, ein Berg wie viele andere? Unten die liebliche Talzone mit Wiesen, auf denen das Vieh der Bergbauern weidet, und dichtem Wald mit mächtigen Tannen. Weiter oben, etwa zweitausend Meter über dem Meer, nur noch kümmerliche, verkrüppelte Föhren, Latschen, denen Sturm, Kälte und Schnee nichts anhaben können. Dann spärliches Gras, das nur noch für Schafe, Gemsen und Murmeltiere reicht, dazwischen Felsblöcke oder Geröll, das weiter oben einer Steinwüste gleicht. Dann das ewige Eis, die Gletscherzone, aus der schroffe Felsinseln und Felstürme ragen. Oben dann endlich der Gipfel. Ein Berg wie viele andere. Nur größer, wuchtiger, mächtiger: der Montblanc, der Weiße Berg, mit 4807 Metern der höchste Berg Europas, der Monarch des Kontinents. Eine verwirrende Wildnis aus Eis und Fels, die sich auf einer Fläche von rund fünfzehn mal fünfzehn Kilometern ausbreitet. Über sein Gipfelmassiv, dessen Eiskuppe einem Silberdom gleicht, verläuft heute von West nach Ost die Staatsgrenze zwischen Italien und Frankreich.

Der junge Genfer Naturwissenschaftler Horace-Bénédict de Saussure war im Jahr 1760 mit zwanzig Jahren zum erstenmal in Chamonix. Angesichts des Montblanc war er sofort von dem Wunsch beseelt, auf den Gipfel dieses gewaltigen Berges zu kommen. Diesen Wunsch gab er in Chamonix öffentlich bekannt: »Einen Haufen Geld für den Mann, der mir einen passablen Weg auf den Montblanc zeigt.«

Geld! Damals wirkte es auf die Bewohner des Tales, auf die armen Bergbauern, Kristallsucher und Gemsjäger weit verlockender als heute. (Heute kann sich in Chamonix, wo es vor Fremden, die den großen Berg sehen und auch besteigen wollen, wimmelt, schon ein mittelmäßiger Bergführer im Sommer den Lebensunterhalt verdienen. Im Winter ist er Bauer, Bergbahn- oder Pistenarbeiter oder – wenn er's kann und auch den nötigen Charme hat – Skilehrer.) Für die Chamoniarden um die Mitte des 18. Jahrhunderts jedoch war Geld eine Rarität, für die man fast alles machte. Und dennoch hatte Saussures großzügiges Angebot keinen Massenansturm am Berg zur Folge.

Unmittelbar nach Saussures Chamonix-Besuch hat es nur einen Mann gegeben, der das Wagnis auf sich nahm: Pierre Simon. Zwei Versuche startete er. Einen am wildzerklüfteten Bossonsgletscher, dessen Zunge nordseitig fast bis ins Tal von Chamonix reicht. Den zweiten »hintenherum« über das Mer de Glace, der ihn in eine erschreckende Eiswüste brachte, ohne daß er den Berg seiner Wünsche auch nur gesehen hatte.

Pierre Simons Versuche, die er ganz allein unternommen hatte, endeten in Hoffnungslosigkeit. Im Vergleich mit einem fünfstöckigen Haus war er lediglich bis auf die Vortreppe gelangt. Dann traten zwei neue Männer auf die Bühne des Weißen Berges: Dr. Michel-Gabriel Paccard, Dorfarzt von Chamonix und Naturwissenschaftler, und der junge Jacques Balmat, ein bis dahin unbekannter Kristallsucher und Jäger aus dem Tal. Michel-Gabriel Paccard hatte den Berg Jahre hindurch mit dem Teleskop beobachtet, von Chamonix aus und vom Brévent, diesem großartigen Aussichtspunkt gegenüber dem Montblanc. Er unternahm auch mehrere Versuche, die ihn eine Aufstiegsmöglichkeit über das Grand Plateau und die »ancien passage« zwischen den Rochers Rouges finden ließen.

Anfang Juni 1760 war Balmat am Berg unterwegs, allein. Er stieg über den Bossongletscher, dessen Spalten fast alle noch vom Winterschnee verdeckt waren.

Balmat, dieser stille Einsame, erreichte wie Paccard die auffallende, langgestreckte Felsinsel Grands Mulets in dreitausend Meter Höhe, mit einer Ausrüstung, die man heute gar nicht mehr als solche bezeichnen kann: lange Lodenhose und Joppe, Hut, Handschuhe, ein Lodenumhang, eine »Alpenstange« (ca. 2,5 m langer Stock mit Metallspitze), das war alles. Von den Grands Mulets stieg Balmat weiter. Nacht am Berg: Biwak, auf Eis, ohne richtigen Schutz. Am nächsten Tag erreichte er das Petit Plateau. Das Grand Plateau folgte in viertausend Meter Höhe: Nebel, Schneefall, Sturm. Balmat gab sich geschlagen – er stieg ab.

Ein weiterer Versuch Balmats, zusammen mit den Führern Joseph Carrier, François Paccard und Jean-Michel Tournier, scheiterte etwas höher, am Bossesgrat, über den heute die Normalroute führt. Dann einigten sich Michel-Gabriel Paccard und Jacques Balmat zu einem gemeinsamen Unternehmen. Sie brachen am 7. August 1786 auf:

Zuerst der längst vertraute Weg hinauf zu den Felsen der Montagne de la Côte. Dann ein Biwak. Am 8. August der Bossonsgletscher, dann Grands Mulets, Petit Plateau, Grand Plateau. Die Steilstufe des Korridors folgte – ein Windstoß, der Paccards Filzhut davonriß. »Den, Doktor, werden Sie nie wieder finden«, sagte Balmat.

Der Sturm wurde stärker, beißender. Paccard und Balmat mußten sich hinlegen, zehn Minuten lang, um nicht in den Abgrund gerissen zu werden. Drohende Schneewolken trieben gespenstisch über sie hinweg. Das Tempo der beiden wurde langsamer, Höhe und Kälte machten ihnen zu schaffen.

8. August 1786, 18.23 Uhr: Michel-Gabriel Paccard und Jacques Balmat wurden auf dem höchsten Gipfel Europas, 4807 Meter über dem Meer, gesichtet. Die Geburtsstunde des Alpinismus hatte geschlagen.

Ein Jahr später, am 3. August 1787, sah auch Horace-Bénédict de Saussure seinen Wunsch erfüllt.

Heute ist der Montblanc auf Balmats Route eine beliebte Skitour. Und es gibt über hundert Montblanc-Anstiege jeder Schwierigkeit, in steilstem Eis und Fels. Freilich gibt es auch auf dem höchsten Alpengipfel zuweilen viel Betrieb, aber mit ein wenig Phantasie kann man am Montblanc auch heute noch Touren in vollkommener Abgeschiedenheit unternehmen. Und nach wie vor ist er ein großer Berg, der nicht unterschätzt werden darf, auch nicht auf den leichten Routen.

Toni Hiebeler

Die weitere Entwicklung des Alpinismus in der Montblancgruppe

So wie die Erstbesteigung des Montblanc Ende des 18. Jahrhunderts der Markstein für die beginnende Eroberung der Alpengipfel war, so waren es später immer wieder Fels- und Eiswände der Montblancgruppe, deren Erstdurchsteigung wieder zu Marksteinen in der Entwicklungsgeschichte des Alpinismus wurden.

Einer dieser heute beinahe vergessenen Marksteine war die Erstdurchsteigung der

Brenvaflanke am Montblanc über den Brenva- oder Moore-Sporn am 15. Juli 1865 durch die Engländer A. W. Moore, G. S. Mathews, F. und H. Walker und die Führer Jacob und Melchior Anderegg. Eine für damalige Verhältnisse ungemein kühne Tat. Man stelle sich die Schwierigkeiten vor: Flankenhöhe knapp tausend Meter bei einer Seehöhe zwischen 3500 und 4500 Meter, steilste Eispassagen ca. 50°, Kletterei bis zum III. Schwierigkeitsgrad – und das alles mit der Ausrüstung Mitte des vorigen Jahrhunderts.

Ein weiterer Markstein – diesmal im Felsklettern – war die Erstdurchsteigung der Ostwand der Aiguille du Grépon (3482 m) durch die Bergführer Josef Knubel und Henri Brocherel mit den Engländern G. W. Joung, H. O. Jones und R. Todhunter am 19. August 1911. Die Schlüsselstelle, der sogenannte Knubelriß, weist den V. Schwierigkeitsgrad auf – und das im obersten Wandteil. Für die damalige Zeit eine alles überragende Kletterleistung.

In den zwanzig Jahren, als das führerlose Bergsteigen sich längst etabliert hatte, waren es wieder Engländer, die für Aufsehen sorgten. Allen voran Graham Brown und F. S. Smith mit ihrer Durchsteigung der Brenvaflanke auf der Sentinelle Rouge am 1./2. September 1927 und ein Jahr später mit ihrer Erstbegehung der Major-Führe ebenfalls an der Brenvaflanke am 6./7. August 1928.

Ende der dreißiger Jahre blieb den Italienern im Kampf um die drei »letzten« Probleme der Alpen – die Nordwände von Matterhorn, Grandes Jorasses und Eiger – der große Wurf vorbehalten. Galt die Eiger-Nordwand als die gefährlichste der drei Wände, so ahnte man doch, daß die Nordwand der Grandes Jorasses die schwierigste sein müßte. Den Deutschen Rudolf Peters und Martin Meier gelang zwar 1935 die erste Durchsteigung der Nordwand der Grandes Jorasses, aber ihre Route führte nicht zum höchsten Punkt. Es waren Riccardo Cassin, B. Esposito und U. Tizzoni, die in dreitägiger, harter Kletterei vom 4. bis 6. August 1938 den Walkerpfeiler bezwangen, nachdem sich Kletterer vieler Nationen vorher vergeblich bemüht hatten. Der Walkerpfeiler galt Jahrzehnte als der Inbegriff der schwierigsten hochalpinen Kletterei in Fels und Eis.

Auch Toni Hiebeler hat den Walkerpfeiler durchstiegen. Schon 1951 gemeinsam mit Uli Wyss. Toni berichtet darüber begeisternd in seinem ersten Buch »Abenteuer Berg«. Auf der Leschaux-Hütte waren sie eingetroffen und erlebten, wie zwei Italiener vom Walkerpfeiler zurückkamen, der eine blutverschmiert und ziemlich lädiert. Er war im großen Quergang »geflogen«. Doch Toni und Uli waren keine Kletterer, die sich durch derlei Äußerlichkeiten hätten beeinflussen lassen. Am nächsten Tag sah man die beiden am Pfeiler. Toni schrieb darüber:

»Es ist hier am Jorassespfeiler ganz anders als bei den vergangenen großen Touren. Ich weiß nicht, wie ich sagen soll. Die Kletterstellen und Schwierigkeiten kommen uns so selbstverständlich vor. Mein Körper klettert und klettert, macht ausgeglichene Bewegungen, eine auf die andere, und meine Gedanken sind weit weg . . .

Der Rébuffat-Riß, der vereiste Quergang, die Neunzig-Meter-Verschneidung, dann der große Quergang mit blutverschmierten Felsen und die schwarzen Platten. Wir

sind am Walkerpfeiler, und all diese berühmten Stellen kommen und gehen. Wir klettern und klettern, und meine Gedanken sind weit weg, irgendwo draußen in der Welt. Wir sind am Walkerpfeiler und klettern mit unseren Rucksäcken über Stellen, die ebenso schwer sind wie die schwersten Stellen der Großen-Zinne-Nordwand, und sind ganz ruhig. Vielleicht sind wir heute deswegen so ruhig, und vielleicht sind meine Gedanken deswegen irgendwo draußen in der Welt, weil dieser Berg schon zu lange unser Wunsch ist. Vielleicht erscheint uns deswegen alles so selbstverständlich, weil wir mit unseren Gedanken den Pfeiler schon viele Male durchstiegen. Ich weiß es nicht, aber es ist so eigen heute, bei dieser größten Fahrt meines Lebens...«
Toni Hiebeler trug damals, weil es noch keinen Steinschlaghelm gab, eine gefütterte Lederkappe, wie sie Motorradfahrer benutzten. Die Seilsicherung war seinerzeit zwar immer gut gemeint, bei einem Sturz aber meist nur Glücksache – nicht zu vergleichen mit der heute üblichen Sicherungstechnik. Toni war sich natürlich darüber im klaren:
»Wir steigen über die grauen Platten, kommen am Schneedreieck vorbei, steigen durch die berüchtigte Kaminrinne, und auf den Felsen liegt immer mehr Schnee. Die Sicherungen sind schlecht. Der Fels ist nicht mehr so schwer wie bei den vergangenen Stellen, aber problematisch und sehr gefährlich...«
Sie bauten auch einen Verhauer. Man benötigte damals noch eine sehr gute Nase, um mit den nach heutigen Maßstäben viel zu ungenauen Routenbeschreibungen eine so lange Führe wie die über den Walkerpfeiler finden zu können – auch wenn Toni von einer »genauen« Beschreibung berichtet:
»Plötzlich kommen wir in Schwierigkeiten, von denen in der genauen Beschreibung nichts vermerkt ist. Riesige Felsüberhänge, die mit einer faustdicken Eisschicht gepanzert sind. Nirgends ein Haken oder Griff. Der Uli liest die Beschreibung nochmals genau durch, ist etwas mürrisch und sagt: ›Du mit Deiner verrückten Rennerei! Wir hätten ein paar Seillängen weiter unten nach rechts müssen!‹ ›Soll i net grad durchsteigen?‹ frage ich, weil's mir vor dem Abstieg über die verschneiten Felsen graust.
›Dann kannst dir gleich einen Sarg bestellen!‹ sagt der Uli scharf.
Wir steigen ab, finden die richtige Querung, überwinden noch einen glitschigen Überhang, steigen durch ein paar brüchige und verschneite Steilrinnen hoch und kommen auf die Pfeilerkante.«
Das überschäumende Glück, das Bergsteiger und Kletterer immer dann empfinden, wenn ihnen nach langem Bemühen an der Grenze ihrer Leistungsfähigkeit eine große Tour gelungen ist, schildert Toni so:
»Weit oben sehen wir etwas glänzen wie Silber. Dieses Silber glänzt herab wie die Krone eines Monarchen, wenn sie von einem Riesenleuchter angestrahlt wird. Dieses Silber ist die Krone unseres Gipfels. Dieses Silber ist die Wächte unseres gewaltigen Berges, unseres höchsten Ziels. Nur langsam kommt es näher, das sagenhafte Silber. Nur ganz langsam kommen wir höher, weil der Fels äußerst gefährlich ist. Dann schnappt der Karabiner in den letzten Haken, der als Symbol im

letzten Felsmeter steckt, dann schlage ich mit meinem Pickel und voll jugendlicher Wonne in dieses leuchtende Silber, spreize mich hoch, schaue in eine Flut von Licht und Glanz, lege meine Ellbogen auf den weichen Gipfelfirn, drücke mich hoch und lieg oben auf meinem gewaltigsten Gipfel...

Grenzenlose Weite, ein unendlich klarer Raum vor mir. Und unendliche Freude und Glück in mir...

›Kann ich kommen?‹ ruft der Uli.

›Noch net!‹ rufe ich beengt...

Hol's der Teufel! sage ich zu mir. Jetzt liegst da und hast dein größtes Ziel erreicht, kannst nichts machen, als deine nassen Augen abwischen. Daß du da immer gleich nasse Augen kriegst? Mach schnell, wisch sie nochmals ab und schau, daß der Uli nichts merkt.

›Komm!‹ rufe ich kurz.

Die Seile laufen, ich höre Ulis Atem, sehe seine Hände, sein Gesicht, seinen Bart, zwei leuchtende Augen, und schon ist er da...

Der Uli sitzt neben mir, und ich schaue ihn nicht an, weil ich glaube, daß auch er dieses würgende Gefühl in sich hat.«

Die Entwicklung des Alpinismus ging weiter. Einen neuen Markstein setzten Walter Bonatti und L. Ghigo mit der Erstdurchsteigung der mauerglatten Ostwand des Grand Capucin (3838 m) vom 20. bis 23. Juli 1951. Sie läuteten das »Eisenzeitalter« in der Montblancgruppe ein, jene Zeit, in der – weil man sich an immer steileren Fels wagte – vermehrt Haken zur Sicherung und Fortbewegung notwendig waren. Ein Jahr später folgte die Erstdurchsteigung der ebenso abweisenden und um noch einiges höheren Westwand des Petit Dru. Es waren die Vorläufer des Direttissimazeitalters, die Ende der fünfziger Jahre zu den Erstdurchsteigungen der Direktrouten in den Dolomiten durch Dietrich Hasse und Gefährten führten.

Der nächste Markstein in der Entwicklungsgeschichte des Alpinismus war im Steileis zu verzeichnen. Von den schottischen Eisgehern ausgehend, war es durch die Optimierung der Eisgeräte möglich geworden, sich an senkrechtes Eis zu wagen, ohne sich daran hochnageln oder hochschrauben zu müssen. Walter Cecchinel und Claude Jager durchstiegen vom 28. bis 31. Dezember 1973 das Dru-Couloir zwischen Grand und Petit Dru. Dieses Couloir weist im Eis über 12 Seillängen eine Steilheit zwischen 60° und 80° auf mit etlichen senkrechten Passagen. Danach begann eine wahre Explosion im Steileisklettern.

Auch im Fels wurden die Schwierigkeiten höhergeschraubt. Hier war es vor allem Michel Piola, der die Kletterschwierigkeiten höher ansiedelte. Als derzeit schwierigste Kletterei gilt die von Piola und Pierre Alain Steiner am 19. und 20. Juli 1984

Seite 229: Tour Sallière und Dents du Midi in den Chablais-Alpen im letzten Abendlicht. Die sieben Spitzen der Dents du Midi sind (von links nach rechts): Haute Cime, Doigts de Champéry, Dent Jaune, Eperon, Cathédrale, Foreresse und Cime d L'Est (Ostgipfel).

Seiten 230/231:
Bec de Etagnes (links der Bildmitte), höchster Punkt des Vallon de Nendaz. Im Hintergrund ahnt man das Rhonetal, dahinter die ersten Gipfel des Berner Oberlandes mit Diablerets (links) und Wildhorn (rechts).

Seiten 232/233:
Montblancgruppe von Südwesten. Links die nördlichen Ausläufer mit Aiguilles du Tour, Aiguilles du Chardonnet und Aiguilles Verte; links davor, aus den Wolken aufsteigend, die glatte Westwand des Petit Dru. Weiter rechts dem Hauptkamm folgend liegen Les Droits und Les Courtes im Sonnenschein. Im Vordergrund der westliche Teil der Aiguilles von Chamonix.

Seite 234:
Grandes Jorasses Nordwand mit ihrem höchsten Punkt, Pointe Walker, von Nordwesten. Durch die Nordwand führen nur sehr schwierige Routen, die bekannteste ist der Walkerpfeiler, den Toni Hiebeler bereits in den fünfziger Jahren durchstieg, als die Route noch zu den schwierigsten und berüchtigtsten der Alpen zählte. Im Vordergrund der Periadés-Kamm.

Seite 235:
Die weiße Firnhaube des Montblanc von Norden mit dem italienischen Vorgipfel Montblanc de Courmayeur links des Hauptgipfels. Über den Gletscherhang im Vordergrund (links der Bildmitte) führte der Aufstieg zum Montblanc-Gipfel.

Seiten 236/237:
Abendstimmung in der Montblanc-Gruppe von Osten. Aus dem Wolkenmeer ragen Petite dú Domino, Mt. Dolent, Tour Noire, Grande Fourche, Aiguilles Dorées und Aiguilles d'Arpettes (von links nach rechts) hervor.

Seite 238:
Der Petit Clocher du Portalet am nordöstlichsten Rand der Montblanc-Gruppe. Eine eher unbedeutende Nadel in der Vielzahl ähnlicher Felszapfen, wenn man von ihrer Nordwand absieht. Durch sie führen einige Routen, die zu den schwierigsten Klettereien in der Gruppe zählen.

Seite 239:
Aiguilles du Chardonnet (links) und Aiguille d'Argentière von Westen. Dazwischen der Chardonnet-Gletscher, über den die bekannte Haute Route von Zermatt nach Chamonix führt.

Seiten 240/241:
Mont Maudit von Nordwesten. Erkennbar der Aufstieg zum Montblanc. Links die fast horizontal verlaufende Spur zum Col du Midi auf dem kurzen, beinahe flachen Firngratstück, das vom Gipfel des Mont Maudit dem Betrachter entgegenzieht. Am rechten Bildrand der flache Sattel des Col de la Brenva, von wo der Aufstieg direkt zum Gipfel des Montblanc führt.

Seiten 242/243:
Grand Pic de la Meije von Nordwesten. Nach links fällt die 750 m hohe Nordwand auf den zerrissenen Gletscher oberhalb von La Grave ab. Dahinter rechts der Pic Gaspard mit dem großartigen Südsüdostgrat; anschließend die breite Nordwand des Rateau; ganz rechts im Hintergrund die Nordwestabstürze der Barre des Ecrins. Im Vordergrund die Seilbahnstation von La Grave zum Gare des Roullions.

Seiten 244/245:
In der Bildmitte die Barres des Ecrins mit ihrer vergletscherten Nordflanke. Links die Nordwandkette von Mont Pelvoux, Pic Sans Nom und Ailefroide mit dem markanten Hängegletscher (von links nach rechts). Unter den Ecrins der Pic Neige Cordier mit seinem verfirnten Nordgrat und rechts anschließend die finstere Nordwand des Roche Faurio.

Seiten 246/247:
Über dem Drac-Tal im Vordergrund, das die Grenze zwischen der Dauphiné und den Drôme-Alpen bildet. Blick nach Westen in den östlichen Teil des Hochlands Dévoluy, der eigentlichen Hochregion der Drôme-Alpen. In der Mitte das schneebedeckte Plateau de Bure, links der markante Felsgipfel der Pic de Bure.

eröffnete dreihundert Meter hohe Route »Panne des Sens« an der Ostwand der Aiguille de Roc. Schwierigkeitsgrad (französisch) VIc und VIIa, das ist nach UIAA-Skala VII bis VIII+. Als Gesamtwertung, die auch alle übrigen Kriterien außer der reinen Kletterschwierigkeit beinhaltet, hat man einen neuen Grad eingeführt: ABO = abominable difficile, zu deutsch »abscheulich« schwierig. Freilich, solche Kletterschwierigkeiten sind nicht mehr mit umfangreicher Alpinausrüstung zu bewältigen. Deshalb weisen Routen dieser Schwierigkeit in der Regel einen relativ kurzen Zustieg auf.
Doch auch im hochalpinen Bereich wurden in den letzten Jahren nochmals neue Maßstäbe gesetzt. Eine neue Variante des Alpinismus wurde in der Montblancgruppe kreiert. Es ist der »Geschwindigkeitsalpinismus«, das »Schnellklettern« oder wie die Franzosen sagen, das »Enchainement« (= aneinanderketten). Gemeint ist das Durchsteigen möglichst vieler schwieriger Routen sozusagen an einem Stück. So durchstiegen Christophe Profit und Thierry Renault am 22. Juli 84, also an einem Tag (!), innerhalb von 22 Stunden (!) nacheinander: die Nordwand des Pilier d'Angle (Bouchard-Route, V/60°), vom Gipfel Abstieg und Querung zum Einstieg des zentralen Frêney-Pfeilers (klassische Route, V/A2), über diesen zum Ausstieg, Abstieg durch Abseilen, danach die Piola-Route (Direkter Frêney-Pfeiler, VI–/A1), wiederum Abseilen über den Pfeiler und Aufstieg über den klassischen Innominatagrat (IV/50°). Zweifellos ein abermaliger Markstein in der Entwicklungsgeschichte des Alpinismus. Eine Leistung, wie man sie vor zwei Jahrzehnten für so unmöglich gehalten hat wie den Flug der Menschen zu den Fixsternen.

Pit Schubert

Dauphiné

Weit südlich der Montblancgruppe bietet der Alpenhauptkamm uns Bergsteigern noch einmal ein großartiges, vielfältiges Schauspiel von schroffen Felszinnen, eisgekrönten Gipfeln und gletscherstarrenden Tälern, die Dauphiné. Das weitläufige Gebiet ist von drei großen Bergflüssen eingerahmt: der Romanche im Norden, der Durance im Osten und Süden und dem Drac im Westen. Innerhalb dieser Einfriedung findet man ein wildes, rauhes Gebirge, wenn man die Täler hinaufsteigt, die weit in das Herz des Dauphiné hineinragen. Umfährt man das Gebiet, so hat man eigentlich nur einmal auf der Nordseite der Meije von La Grave aus einen beeindruckenden Einblick in dieses Gebirge.
Zum Kennenlernen muß man in die Seitentäler hineinwandern und so die Eindrücke des Gebietes in sich aufnehmen. Dabei sollte man recht gut zu Fuß sein, denn die

---

Seite 248: Blick nach Süden in die Meer- und Provence-Alpen, die sich hinter dem Lac de Serre-Poncon, dem größten Stausee der Alpen, aufbauen. In der Mitte ist das Massiv der Montagne du Cheval Blanc zu erkennen.

Dauphiné Alpen sind kaum durch technische Bauwerke, seien es Straßen oder Seilbahnen, erschlossen. Das weitgehende Fehlen einer technischen Erschließung des Gebiets ist darauf zurückzuführen, daß man die Dauphiné bereits früh mit dem Nationalparkgedanken in Verbindung brachte. Schon 1913 wurden die ersten Täler unter Naturschutz gestellt, und heute hat dieses Gebiet (»Parc National des Ecrins«, größter französischer Nationalpark) eine Fläche von 91 800 Hektar. Hier dürfen keine Straßen, Seilbahnen und andere Bauwerke erstellt werden. So ist den Bergsteigern und Skihochtouristen ein im Alpenraum einmaliges Gebiet erhalten geblieben. Selbst die vorhandenen Straßen, die durch die drei großen Täler Val du Vénéon, Vallouise und Valgaudemar ins Innere führen, sind schmal, eng und wenig ausgebaut, und die Straße nach La Bérarde gar kann mit gutem Gewissen nur routinierten Berg- und Paßfahrern empfohlen werden.
Die Berge der Dauphiné wirken, aus den Tälern betrachtet, oft unnahbar und sehr schwierig. Nähert man sich ihnen aber, finden sich fast immer verhältnismäßig leichte Anstiege selbst auf die höchsten Gipfel, von denen immerhin über zehn die Höhe des Großglockners (3797 m) erreichen oder überragen. Auch der Normalanstieg auf den höchsten von ihnen, die Barre des Ecrins (4101 m), ist für den versierten Hochalpinisten ein ernstzunehmendes, aber nicht zu schwieriges Unternehmen. Nur ein Berg der Dauphiné, die Meije (3983 m), fällt hierbei aus dem Rahmen. Dieser berühmteste Berg des Gebiets weist auch schon auf dem Normalanstieg erhebliche Schwierigkeiten auf. Eine Begehung dieser Route vom Refuge du Promontoire aus ist von den Anforderungen her ohne weiteres über eine Begehung des Moinegrats an der Aiguille Verte im Montblanc-Gebiet zu stellen – ein Berg, der immerhin als schwierigster Viertausender der Alpen gilt. Wenn nun auch der Meije siebzehn Meter zur magischen Viertausendmetergrenze fehlen, ist doch ein Besuch dieses Berges eigentlich ein Muß für den Besucher dieses Alpengebietes.

Die Lektüre der Erschließungsgeschichte einer Berggruppe ist für die Bergsteiger oftmals ein gedanklicher Einstieg in ein Gebiet oder eine Führe geworden. Für Edward Whymper gab es 1861 noch keine solchen Anreize. Es war vielmehr die materielle Notwendigkeit für den Zeichner einer englischen Zeitung, die den frühen Erschließer vieler westalpiner Berge in die Dauphiné reisen ließ. Nachdem Whymper zunächst den von dem französischen Ingenieur Durand zu Vermessungszwecken 1813 erstmals bezwungenen Mont Pelvoux (3932 m) erstiegen hatte, gewann er rechtes Interesse am Bergsteigen. In die Dauphiné kehrte Whymper dann 1864 zurück, um die eigentliche Erschließung des Gebiets mit der Erstbesteigung der Barre des Ecrins zu beginnen. Der junge Engländer hatte offensichtlich schon einige Ziele in der Dauphiné ins Auge gefaßt, aber nach dem schwarzen Tag des 14. Juli 1865 (Erstbesteigung des Matterhorns; beim Abstieg fanden vier der sechs Begleiter Whympers den Tod) zog er sich von der Erschließung der Alpen völlig zurück.
Seine Nachfolge trat wenige Jahre später der Reverend W. A. B. Coolidge an. In Begleitung des Schweizer Führers Christian Almer hat Coolidge Jahr für Jahr das

Gebiet besucht und fast alle wesentlichen Gipfel als erster bestiegen. Nur an der Meije, jenem von allen Seiten steil aufragenden Bergstock, mußte er sich trotz großen Bemühens mit einer Zweitbegehung begnügen. Der Franzose Emmanuel Boileau de Castelnau, ambitioniert, aber ziemlich unerfahren, hatte es sich in den Kopf gesetzt, die Besteigung zu versuchen. Die meisten großen Führer der damaligen Zeit hatten schon ihr Urteil gefällt: unbesteigbar. Sie lehnten einen Versuch ab. Nur der schon über vierzigjährige Führer Pierre Gaspard aus St. Christophe versuchte unermüdlich einen gangbaren Weg zu finden. Am 16. August 1877 gelang den beiden in Begleitung des ältesten Sohns Gaspards endlich die erste Besteigung des Grand Pic de la Meije. Wer heutzutage mit moderner Ausrüstung von der hochgelegenen Hütte über die Route von 1877 aufsteigt, wird den Erstbegehern für ihren Mut und ihre Entschlußkraft seine Bewunderung nicht versagen können.
Die Meije zeigt aber noch ein anderes Gesicht: die steil aufragende, von Eisbändern durchsetzte Nordwand. Die schwierigen kombinierten Führen dieser Seite werden selten begangen. Fast alle extremeren Alpinisten wählen die Südwand zu ihrem Ziel. Dennoch sind die Erschließungen an den großen Bergen der Dauphiné bis in die letzten Jahre von den großen Nordwandanstiegen geprägt. So gehört die schuppige Nordwand des Rateau (3809 m) zu den schwierigsten ihrer Art.
Die großartigste Nordwand-Szenerie des Gebiets ist die mehrere Kilometer lange und bis über tausend Meter hohe Wandflucht zwischen Mont Pelvoux und Ailefroide, die man sich mit den Augen erwandern muß. Am besten bricht man von La Bérarde frühmorgens auf. Am fortgeschrittenen Vormittag erreicht man den Col de la Temple und gewinnt einen ersten überwältigenden Eindruck. Dann steigt man den Glacier Noir hinab, unmittelbar unter diesen Felsbastionen. Dort hört man das Toben der Steine in den Rinnen und gewinnt einen plastischen Eindruck von den Felsstrukturen mit der frühen Nachmittagssonne. Am späten Nachmittag steigt man dann, schon teilweise im kühlenden Schatten, zum Refuge du Glacier Blanc auf, um am anderen Tag vielleicht den Eisschild der Barre des Ecrins aufzusuchen. Die Hütte wird, wie alle Hütten im Gebiet, ziemlich überfüllt sein. Aber es sollte das Wissen um die noch stärkere Frequentierung der oberhalb liegenden Hütte, des Refuge des Ecrins, trösten.
Die lange Tagesarbeit erfordert dann sicherlich auch ihren Tribut. Ein kühles Bier im letzten Sonnenlicht vor der Hütte läßt Gedanken an das Reinheitsgebot weit im schon dunklen Schatten des Tales zurück. Sitzt man später auf den langen Bänken um die klobigen Holztische zusammen mit den Franzosen beim preiswerten Tagesgericht mit einer Flasche Rotwein, so scheint der Komfort vollkommen. Werden dann in der fröhlichen, in verschiedensten Sprachen radebrechenden Runde aus der einen Flasche zwei, so sollte man vielleicht am nächsten Tag das Ziel wechseln. Für einen solchen Ernstfall empfiehlt sich unbedingt ein Bußgang über den an sich harmlosen Glacier Jean Gauthier zum Col du Môntier. Bis zum Paß geht man im frühmorgendlichen Schatten und überdenkt die Verfehlungen des Vorabends. Am Col ist dann alles vergessen. Man steht in der Morgensonne, überschaut die Eisfelder des Dôme

du Môntier zur rechten und hat schon die großartige Fernsicht in die Montblanc-gruppe und bis ins Wallis.
Wenn es dann ernster wird auf dem gut einstündigen Felsgang auf den Gipfel des Montagne des Agneaux (3664 m), ist alle alpinistisch erforderliche Aufmerksamkeit wieder geschärft. Am Gipfel darf man das für mich schönste Panorama der Dauphiné Alpen bewundern. Der Aussichtspunkt ist nicht so hoch, daß alle anderen Berge zu unbedeutend wirken würden, und dennoch hat man eine glänzende Fernsicht. Direkt gegenüber steigt die Eisflanke der Barre des Ecrins empor, nach links schließt sich die Nordwandflucht oberhalb des Glacier Noir an, über den wir am Vortag abgestiegen sind. Tief im Südosten grüßt der Monte Viso, dann schwenkt der Blick über den Gran Paradiso bis ins weite Wallis. Die Gedanken verweilen bei all den vielen großen Tagen am Berg, die man in den Wänden und an den Graten der Gipfel zwischen Zermatt und Chamonix verbracht hat. Doch dann wird der Blick wieder von der näheren Umgebung eingefangen: der große Grat der Meije, die Südwand, die Erinnerung an einen großartigen Verhauer, das Bild ist fast vollkommen. Denn eines fehlt an diesem Tag: das Erahnen der nahen Provence.
Durch ihre südliche Lage hat man in der Dauphiné nicht nur mit der manchmal lähmenden Tageshitze zu kämpfen, man denkt auch unwillkürlich immer wieder an den lockenden Duft von Lavendel und Oregano, den großartigen Kalkfels in Südfrankreich oder einfach an die schattigen Platanen von Castellane am Beginn der Verdonschlucht. Eine kurze Fahrt nur ist es dorthin über Gap, Sisteron und Digne, doch noch erwarten uns die westlichen Berge der Dauphiné: der Olan, der Sirac und der Rocher de la Murzelle. Die Aussicht von unserem Berg ist eben nur fast allumfassend, und schließlich sollte jedes Gebiet noch einige Geheimnisse und deren Entdeckung für uns bereithalten.
Voller Freude sind die Augen der auf den Berg mitgegangenen Kameraden, und dies läßt die Erinnerung an den mühsamen Tagesbeginn vollends zurücktreten. Allein, die Sorge um die sichere Rückkehr ins Tal tritt langsam und angemessen in den Vordergrund. Steigen wir also ab vom Montagne des Agneaux, dem Berg mit soviel optischer Weitsicht, die jedem von uns vielleicht innere Einsicht bringen kann, und streben wir neuen Zielen zu.

Hartmut Eberlein

Meeralpen

Von den Meeralpen gibt es zumeist falsche Vorstellungen. Man denkt an liebliche Hügel, auf denen bereits Kakteen wachsen und bunte Blumen blühen. In Wirklichkeit sind diese Meeralpen aber ein wildromantisches, hochalpines Gebirge. Es ist das Bergland westlich von Cuneo und dem Tendapaß. Die Nordseite gehört Italien, die Südseite Frankreich; zwischen Nizza und Ventimiglia bilden sie den Anfang oder – wie man will – das Ende des 1200 Kilometer langen Alpenbogens.

Der berühmteste Berg der Gruppe ist der 2872 Meter hohe Monte Bego. Er galt in vorgeschichtlicher Zeit als ein heiliger Berg, Sitz einer Gottheit. Und von weit und breit sind die Menschen gekommen, um dieser Gottheit ihre Bitten vorzutragen. Das geschah in Form von Symbolzeichen, die sie in die riesigen rötlichgelben Gletscherschliffplatten schlugen, welche in einer Höhe von etwa 2300 Metern den Berg umgeben. Ein Rinderkopf wird wahrscheinlich die Bitte um gutes Gedeihen der Tiere bedeutet haben, ein Dolch die Bitte, daß die Waffe siegreich sein möge. Dann gibt es aber auch noch viele unerklärliche Darstellungen. Die meisten der Felsbilder vom Monte Bego stammen aus dem 2. Jahrtausend v. Chr., und sie alle stellen ein faszinierendes Freilichtmuseum primitiver Kunst dar.
Der Gipfel des Monte Bego ist vom Refuge des Merveilles (2150 m) in zwei Stunden leicht zu ersteigen. Am Gipfelaufbau findet man allerdings keine Felsbilder – der gehörte der Gottheit. Dafür wird der Ersteiger mit einer einmaligen Aussicht belohnt. Natürlich kommen zu diesen nun schon weltberühmten Felsbildern zur Sommerzeit zahlreiche Besucher, und so ist der Monte Bego auch jener Berg dieser Region, um den es etwas laut ist – der einzige Berg!
Sonst ist es in den Meeralpen noch immer recht still. Die Bergsteiger Mitteleuropas haben sie noch nicht als Tourenziel entdeckt, und so sind diese Gipfel nur Haus- und Wochenendberge für die Bergsteiger der Städte in ihrer näheren Umgebung. Die markanten Gipfel wurden alle schon im vergangenen Jahrhundert betreten, und auch die Erschließung des Gebietes durch Wege- und Hüttenbau begann schon vor der Jahrhundertwende. Die Schutzhütten sind aber alle bis heute so klein geblieben wie bei ihrer Erbauung – keine Zubauten, keine nennenswerten Modernisierungen. Man fühlt sich in ihnen um Jahrzehnte zurückversetzt. Nach dem Zweiten Weltkrieg errichtete man auch einige Biwakschachteln, die aber nur ab und zu an Wochenenden von Bergsteigern aufgesucht werden.
Von den Dreitausendern der Meeralpen ist der Monte Argentera (3297 m) der höchste. Sein Gipfel ist oft auch im Sommer mit Schnee bedeckt, wenn auf den Feldern um Cuneo das Getreide reift und an der Riviera hektischer Badebetrieb herrscht. Die Ersteigung (Stützpunkt Bivacco del Báus und Rifugio Morelli) ist leicht; es gibt aber auch schwierigere Kletterrouten an dieser Felspyramide.
Der schwierigste Gipfel ist der Corno Stella (3050 m), ein aus dunklem Gestein gebildetes, düsteres Felshorn, dessen leichtester Anstieg schon als überaus schwierig gilt. Mit seinen modernen, äußerst schwierigen Routen ist der Corno Stella zum großen Kletterberg der Meeralpen geworden.
Für Kletterer bieten sich in den Alpen aber sicherlich interessantere Regionen als die Meeralpen. Nirgendwo findet man allerdings eine solche ungeheure Spannweite an Naturschönheiten und Gegensätzen. Die Riviera mit ihrem glänzenden Treiben, der liebliche Duft von Gewürzen und Kräutern im Hinterland und eine hochalpine Bergwelt mit bizarren Felsgestalten bilden ein Ganzes, das jeden Besucher faszinieren muß.

Karl Lukan

Summary

This book should crown the whole alpinistic creative work of Toni Hiebeler, an author who made a passion out of his profession; he was a man who started a successful second career as one of the most productive writers of mountain books in our days, having done many excellent pieces of work before, during his active alpinistic life.
As a writer and photographer he created some thirty books, being an alpinistic author who really had something to say and who's words counted much.
There was scarcely another author who would have ventured upon this subject, because Toni Hiebeler combined in himself an unsurpassed connoisseurship of the whole Alpine Region with photographic mastery and rich experience as an air photographer.
He knew exactly which mountain region develops its maximum fascination in which season and the exact hour in which any rock face presents itself in the best daylight.
He plunged into this task with all the passion of a mountain fanatic, he planned and organized, he went in for subleties minutely what subject should be photographed from the sports-plane and whereever it would be better to take the helicopter.
In this way he got photographs which indeed give a new documentation of the Alps, because they show a sort of perspective of which mountain friends normally never catch sight.
A bow is bent from gigantic panoramas revealing the geological structure of whole mountain chains up as far as breathtaking key positions of most difficult rock faces and ridges, which normally require the utmost from the excellent trained helicopter pilots of the mountain-rescue-parties.
Toni Hiebeler was not admitted to live to see the termination of this book.
On his last photographic flight he died in a tragic accident in his helicopter in the Julischen Alpen. Together with him died his wife Traudl, who was his true life's companion and his essential assistent.
It was an obligation for his descendants and his publisher to finish his so far progressed book; as it is suitable among alpinists, the friends and companions of Toni Hiebeler have taken over his task.
Therefore the textes concerning the respective mountain regions are not only alpine descriptions, but in the most cases they reveal memories of Toni Hiebeler, personal meetings and mountain adventures lived through together.
By this the last book of a great alpin author has also become the legacy of an important alpinist, of a man who wrote a good part of the history of alpinism and who will be remembered every time when there is spoken about the great alpinists and their deeds.

CHIEMGAU MOUNTAINS

Page 17:
Kampenwand seen from the south overlooking the Chiemsee

Page 18/19:
View over the Innvalley with Heuberg in the foreground and Kaisergebirge in the background

Page 20:
Allgäuer Alps with Trettachspitze, Mädelegabel and Hochfrott seen from west

Page 21:
Tannheimer mountains with Gehrenspitze, Kellespitze and Gimpel seen from north-east

Page 22/23:
Zugspitz massif and Wetterstein mountains seen from west over Ehrwald

Page 24:
Ridge of Waxenstein, Alpspitze and in the background the main ridge of the Zillertal

ALPS OF BERCHTESGADEN

Page 25:
Hoher Göll from west with Hochkalter, Hörndl, Mitterberghorn and Hocheisspitze

Page 26:
Hochkalter massif

DACHSTEIN MOUNTAINS

Page 27:
Big and small Bischofsmütze seen from south

Page 28/29:
The middle Gosau ridge seen from north with Däumling (left) and Mandlkogel (right)

Page 30:
The Hohe Dachstein with its famous south face

GESÄUSE

Page 31:
Ödstein seen from north-west, at the right side the Große Ödstein

Page 32:
The north-west precipices of the Große Reichenstein

KAISERGEBIRGE

Page 41:
Front part of the Karlspitze seen from east

Page 42/43:
View from north-west to the Kaisergebirge

Page 44:
The Maukspitze, the most frequented climbing mountain in the eastern Kaiser, seen from south-west

Page 45:
Hochgrubachspitze, Ackerlspitze and Waxenstein tower seen from south

KARWENDEL

Page 46:
The southern chain of the Karwendel over Innsbruck seen from north

Page 47:
Wörner with Mittenwald seen from west

Page 48/49:
Brandjochspitze with the Zillertal Alps in the background

Page 50:
The Laliderer Wände seen from west

RÄTIKON

Page 51:
Southern face of the three Drusentürme and the Drusenfluh

Page 52:
Southern face of the Drusenfluh, climbers on the Norbert-Jäger-Route

Page 53:
Schesaplana and Zimba seen from north-east

Page 54/55:
Lake Lüner with Sulzfluh and Drusenfluh

Page 56:
Schesaplana seen from north-west

UNTERENGADIN

Page 65:
Fontana with »Chasté da Tarasp«, view to Piz Lischana, Piz Ajüz and Piz S-Chalambert

Page 66/67:
View to Guarda (in the foreground) with the Engadin Dolomites on the right side of the valley

Page 68:
Lake-district of Oberengadin with lake Hahnensee and lake Schesaplana

Page 69:
The Engadin Ski-Marathon, cross-country skiers on the lake Silser, on the left the Piz La Margna

SILVRETTA

Page 70/71:
Fluchthörner seen from west

Page 72:
Großlitzner and Großes Seehorn seen from south-east

ALBULA ALPS

Page 73:
Piz Kesch seen from east

Page 74:
Piz Albana and Piz Julier

OBERENGADIN
Page 75:
Oberhalbsteiner Alpen with Juperhorn and Piz Platta

Page 76/77:
The Malojapaß separates the Oberengadin from the Bergell

MÜNSTERTALER ALPS
Page 78:
Piz d'Esan and Piz Quattervals seen from south-west

LIVIGNO ALPS
Page 79:
National Park in the Unterengadin

Page 80:
Piz Fier seen from north-east

BERNINA ALPS
Page 89:
Piz Palü seen from north

Page 90/91:
The summit ridge of the Piz Palü with its insidious ice-cornices

Page 92:
Piz Scercen seen from north-west

Page 93:
Icenose at the Piz Scercen

Page 94/95:
Alpinists on the normal route of the Piz Morteratsch, in the background the Piz Cambrena

Page 96:
Piz Glüschaint overlooked by Piz Roseg and Piz Bernina

Page 97:
Piz Roseg seen from north, at the left its powerful northern face

Page 98/99:
The north-east precipices of the Piz Bernina

Page 100:
Alpinists on the Biancograt

BERGELL
Page 101:
The Cima di Cantone with its elegant 300 mts high north face

Page 102:
Climbers on the northern edge of the Piz Badile

Page 103:
The Piz Badile with its 900 mts high north-east face and the northern edge

Page 104/105:
Monte Disgrazia (left) and Forno-Group (right)

Page 106:
North-face of the Cima di Rosso, three roped parties during their ascent

Page 107:
The north-face of the Cima di Rosso is one of the classical icetours of medium difficulty

Page 108:
The Albigna-Reservoir, on the right the Piz Cèngalo

ORTLER ALPS
Page 121:
Monte Cevedale with Zufallferner seen from north-east

Page 122/123:
Alpinists during their ascent on the normal route to the Monte Cevedale

Page 124:
North-face of the Königsspitze

Page 125:
Königsspitze seen from north-east

Page 126/127:
Ortler (right) and Königsspitze seen from north

Page 128:
Alpinists during their ascent on the normal route of the Ortler towards the Payer-Hütte

ZILLERTAL ALPS
Page 129:
Großer Möseler seen from north-west

Page 130/131:
Großer Löffler seen from north-west, at the right of the summit the Löfflergrat which is the frontier between Austria and Italy

Page 132/133:
The climbing through the north-west face of the Großvenediger has been tried already in 1828 by Archiduke Johann

Page 134/135:
The Hintere Stangenspitze and Wollbachspitze. In the background the Riesenferner-Group

Page 136:
The Olperer

GLOCKNER GROUP
Page 137:
Großglockner with Pasterze seen from north-east

Page 138:
The pillar of the Glockner-North-East-Ridge separates Pallavicinirinne and Berglerrinne

Page 139:
Großglockner summit, in the background the Schober-Group

Page 140:
Großglockner-Pallavicinirinne with alpinists during their ascent

ADAMELLO-PRESANELLO-GROUP
Page 145:
Cima Presanella, north-face

Page 146/147:
Southern part of the Adamello-Group with Carè Alto (left) und Crozzon di Làres (right)

Page 148/149:
Prenzkamm between Val Chiavenna and Val Mesolchina with Pizzo di Cressin and Pizzo della Forcola

ETSCHTAL
Page 150:
Mendelkamm with the Gantkofel over St. Pauls

Page 151:
Kalterersee with Kaltern seen from north

Page 152:
Bozen with the rivers Eisack and Etsch towards the Dolomites

BRENTA DOLOMITES
Page 165:
Cima Tosa (background) and Crozzon di Brenta (foreground) seen from north

Page 166/167:
Brenta Alta (left), Campanile Basso (middle) and Campanile Alto (right) seen from east

Page 168:
Cima d'Ambiez and Cima d'Agola (in the background left) seen from south

Page 169:
View over the Antelao-summit towards the Sorapiss massif

Page 170/171:
Cadin-Spitzen with Cima Eötvös (right) seen from south

Page 172:
Sorapiss-Group with Croda Marcora and Forca Grande (in the foreground)

Page 173:
Sextener Zwölferkofel seen from north with Zsigmondy-Hütte (right)

Page 174/175:
Drei Zinnen seen from north-east, on the left the Paternsattel

Page 176:
Kleine Zinne, climbers at the Yellow Edge, fall down of the first man of the roped party

Page 177:
Dibonah-edge at the Große Zinne with climbers

Page 178/179:
Monte Pelmo-massif seen from east

Page 180:
Over the Lorenzi-Hütte at the Monte Cristallo

Page 181:
The northern precipices of the Triglav seen from the Vratatal.
In this region Toni Hiebeler died during a photographic flight in his helicopter. Therefore all the pictures of the Julischen Alpen are no air photographs.

Page 182/183:
Montasch from north-east, seen from Valbruna Valley

Page 192:
Jalovec from north-east, seen from Planica Valley

BERNER ALPS

Page 193:
Finsteraarhorn, in the fall-line of the peak the east-spur

Page 194:
Grindelwalder Wetterhorn and the Mittelhorn seen from west.
In the foreground the Lauberhorn

Page 195:
Eiger and Mönch seen from west

Page 196/197:
Jungfrau seen from north-west

Page 198:
Ebnefluh – north-face, one of the most favourite ice-faces of the Berner Alps

Page 199:
Lauterbrunner Breithorn (left) and Tschingelhorn seen from north-east, in the foreground at the right the Montblanc

Page 200:
Blümlisalp-Group with Oeschinensee seen from north-west

Page 201:
Bietschhorn seen from south-west

Page 202/203:
Glacier de la Plaine Morte, in the background the Walliser Alps with the Matterhorn

Page 204:
Balmhorn and Großes Rinderhorn seen from north

WALLISER ALPS

Page 205:
Matterhorn seen from east, at the right the Hörnligrat

Page 206/207:
Monte Rosa massif and Lyskamm (right) seen from north west

Page 208:
Lyskamm-north-face, 1961 climbed through for the first time by Toni Hiebeler and Heinz Pokorski

Page 209:
Mischabel Group with Dom and Täschhorn

Page 210/211:
Obergabelhorn, Zinalrothorn and Weißhorn seen from south

Page 212:
Dent Blanche seen from north-west

Page 213:
Dent d'Hérens seen from north

Page 214/215:
La Ruinette, a north-west-face in the Montblanc de Cheilon Group

Page 216:
Grand Combin seen from west

CHABLAIS ALPS

Page 229:
Dents du Midi with its seven peaks

Page 230/231:
Bec de Etagnes, the highest point of the Vallon de Nendaz. In the background les diablerets and the Wildhorn

MONTBLANC GROUP

Page 232/233:
Aiguilles du Tour, Aiguilles du Chardonnet, Aiguilles Vertes, Petit Dru, Les Droits, and Les Courtes. In the foreground parts of the Aiguilles de Chamonix.

Page 234:
Grandes Jorasses seen from north-west

Page 235:
Montblanc seen from north-east with the Italian forepeak Montblanc de Courmayeur at the left of the Montblanc summit

Page 236/237:
Evening mood in the Montblanc Group seen from east

Page 238:
Petit Clocher du Portalet. Its north-faces offer some of the most difficult routes

Page 239:
Aiguilles du Chardonnet and Aiguille d'Argentiére seen from west

Page 240/241:
Mont Maudit seen from north.
Over the flat saddle of the Col de la Brenva (right) leads the ascent to the Montblanc

DAUPHINES ALPS

Page 242/243:
La Meije seen from west

Page 244/245:
Barres des Ecrins seen from north-east, on the left the north-face chain of the Mont Pelvoux, Pic Sans Nom and Ailefroide

MARITIME ALPS

Page 246/247:
Drôme Alps seen from the Drac-Valley, which separates the Dauphiné Alps from the Drôme Alps

Page 248:
View into the Maritime Alps towards the south

© 1985 ISBN 3-475-52430-9

Dieser Band erscheint in der Reihe »Rosenheimer Raritäten« im Rosenheimer Verlagshaus Alfred Förg GmbH & Co. KG, Rosenheim.
Es wurde gesetzt bei Buch- und Offsetdruckerei Wagner GmbH, Nördlingen, gedruckt und gebunden bei Mainpresse Richterdruck Würzburg.
Die Reproduktionen fertigte Brend'amour, Simhart GmbH & Co., München.
Den Schutzumschlag gestaltete Ulrich Eichberger, Innsbruck, unter Verwendung eines Fotos von Toni Hiebeler. Er zeigt auf der Vorderseite den Petit Clocher der Portalet aus der Mountblancgruppe, auf der Rückseite ein Detail von der Gelben Kante an der kleinen Zinne.
Die Luftbilder wurden freigegeben für Bayern durch die Regierung von Oberbayern unter Nr. GS 300/51/85, für Österreich vom Bundesministerium für Landesverteidigung mit Z 1.13.088/445-1.6/85. Für Italien wurde die Unbedenklichkeit der Aufnahmen erklärt.
Summary und Bildlegenden übersetzte Gabriele Weller.